U0134528

《佃農》五十憶平生

To my teacher Jack Hirshleifer
In grateful memory

給老師赫舒拉發
感激與懷念

《佃農》五十憶平生

兼論經濟學的災難性發展

張五常　著

ARCADIA PRESS
花千樹

目錄

前言

《佃農理論》作為博士論文，其文稿被洛杉磯加州大學的圖書館接受、存檔，是一九六七年。芝加哥大學出版社印製成書面市是一九六九。今天看，該作將會歷久傳世，可不是因為該理論的創新有點小聰明，而是理論之外的兩章，主要是在芝加哥大學作補充、大事加長的。

其一是《佃農》第三章，我細心地追溯前人在同一話題上的思想發展，客觀地把前人在同一理論上的貢獻與錯失申述，儘量把貢獻歸納在他們那邊，餘下來給自己的只是一小點。

其二是《佃農》第四章，分析合約的選擇。雖然今天回顧該章有不少可以商榷的地方，但合約經濟學這個重要的思想範疇是給打開來了。

在西方，一個中國學子的思維，有點新意的，被人抄襲的多，提及的少。然而，歷史早晚會作出

9

中肯的判斷。這解釋了為什麼半個世紀後的今天，
歐洲開始重視我在合約經濟學的貢獻。

張五常

二〇一七年十月七日

第一章：
回顧《佃農》先說閑話

　　《佃農理論》是我作研究生時的論文習作，一九六七年五月我把整理好的文稿交到洛杉磯加州大學的圖書館去存檔。該館要求甚嚴，每行打字的寬度與行距有指定的規格，差一小點也不收貨。那時還沒有電腦打字與排版，雖然有助手協助，我要奔跑幾次才能滿足圖書館的要求。

　　終於拿到圖書館收貨的證明，跑到校務處領取博士文憑。殊不知外籍學生要多交五十美元手續費。我想，文憑一紙怎麼值五十元呢？於是決定不要。正步出校務處，處長史高維爾（Warren Scoville）追了出來。他是歐洲經濟史的大師，教過我，對我有深遠的影響，兩年不見，不知怎的他當起大學的校務處長來。他說："外籍學生要交五十元才拿得博士文憑是不應該的，但這是校方的規定。你的論文經濟系的同事幾次向我提及，是我們要給你博士的，那五十元我替你付可以嗎？"他這

11

樣說，我急忙在錢包掏出五十元交出去。大恩不言謝，昔日在洛杉磯加大沒有史高維爾及幾位老師的悉心教誨，今天經濟學行內不會有我這個人。然而，回顧當年，我的判斷是準確的：以五十元購得的那紙文憑不知放到哪裡去，而從那時到今天從來沒有誰管我是不是博士。《佃農理論》是我的作品，自己引以為傲，文憑要來作什麼？該作一九六九年在芝大出版後，他們寄給我說是首本的，我睡時放在自己的床上好幾晚。該作既是"文"，也大可為"憑"，博士名頭豈不是多餘了？

不是偉人寫片段回憶

一九六七到今天剛好是半個世紀。那是很長的時日了——十多個半世紀前是蘇東坡的時代。朋友們知道這個日子，要在今年十一月舉辦一個《佃農理論》五十年的研討會議。好些老朋友要參與，而令我感動的是哈伯格（Arnold Harberger）也要來。可惜醫生勸告不宜作長途飛行，他聽從了。他九十三歲了。我欠着他：一九六七年三月，《佃農》只寫好一章，我收到他的一封電報，給我一個如雷貫耳的獎金，邀請我到芝加哥大學去。當時他是芝大經濟系的主任，主導着如日方中的芝大經濟學派。我是受到他與阿爾欽（Armen Alchian）的鼓勵，六個星期後把論文寫好。

今天，為了十一月的會議自己要講話，回顧一下《佃農》及跟着發展下去的研究歷程，我決定先寫此文，作點準備。事實上，回顧自己的學術生涯，我寫過三次。其一是二〇〇〇年為《佃農》在香港再版而發表的《〈佃農理論〉的前因後果》；其二是二〇〇五年為自己的英語論文結集而寫的《求學奇遇記》；其三是兩年前自己年屆八十，科斯在美國出版的刊物要以一整期為我打個招呼，我寫了後來翻為《一襲煙雨任平生》的學術歷程回憶。

其實以篇幅論，上述三者只不過是一些片段的回憶，算不上是什麼傳記。這裡再回顧《佃農》，我轉換一下角度，説一些此前沒有多説的。

多年以來，要求我寫自傳的朋友可真不少。上世紀八十年代，回港工作後三年，《信報》的林山木就催促我寫自傳了。之後類似的其他人的要求不少，而最有説服力的是兩年前世界銀行的徐立新在一篇英語文章中以一整段提出這要求。

我曾經説，自傳是一個偉人才有資格嘗試，而我不是偉人。問題是我無從阻止外人寫我的傳記。這些日子我聽到長沙朱錫慶要寫，成都高小勇要

寫，可能還有大連的王玉霞和北京的向松祚。他們
要怎樣寫我當然管不着，但自己提供一些零散的資
料不一定是壞事。需要的是自己衷心直說一些已
往。

不務正業惹來非議

記得一九六〇年在加大念本科一年級時，選修
心理學，教授說上蒼給予人類的一項厚禮，是讓他
們的記憶力短暫。該教授說要是人類的記憶歷久不
去，頻頻記着不幸的已往，生命會苦不堪言。我當
然同意，記着的永遠是自己引以為傲的事，不幸的
一下子就忘記了！

無可置疑，我是個頻頻惹來爭議的人。基本上
與我無干。自己喜歡做的歷來是自己的事。我不管
他人，但他人卻喜歡管我，是我在兩歲又三個月開
始知事而今天還記得的日子開始的了。這樣長大，
習慣了，外人怎樣說我懶得管。有點不幸，因為在
學問的爭取上我有兩項行為惹來非議無數！

第一項是我喜歡在街頭巷尾到處跑，也參與過
多項不同的生意。這些使不少人認為我不務正業，
放棄了學術。主要是在八二年我回港工作後才惹來
這樣的非議。我自己的看法，是經濟研究是一門實

證科學，真實世界是這門學問唯一的實驗室，天天在街頭巷尾跑是天天在實驗室操作了。另一方面，不參與多項生意，一手資料不容易獲取。我曾經幾次提及，最愚蠢的學者，是那些試圖解釋從來沒有發生過的事。

美國的朋友不同：他們欣賞我作實地考查的習慣。一九七三年，我在華盛頓州跑果園而寫出《蜜蜂的神話》，他們大聲叫好。七五年回港度假，我跑到多間電影院觀察，回美後只兩天寫成《優座票價為何偏低了？》，他們又叫好。七十年代在美國加州，因為一項反托拉斯的顧問工作，考查石油工業，我跑油田與油廠，寫出的兩份厚厚的報告，阿爾欽認為是他讀過的最精彩的實證研究。

今天我非常遺憾，因為這兩份厚逾兩吋的長報告是顧問工作，不能發表。當時不僅阿爾欽叫好，標準石油的朋友稱之為《聖經》。是複雜無比的工業，行內的專業人士各自專於各自的部門，對整個行業的多個部門加不起來一起看。他們要帶我到處觀察，提供我要求的所有文件，讓我把零散的加起來，得到一幅完整的絕妙圖畫，他們才知道發生着的是怎麼一回事，而我能成功地解釋的只是石油工業很小的一部分：換油。即是解釋了為什麼石油公司之間要互換石油，而換油為什麼要用上幾種不同的合約。

保護腦子需要分心

第二項我惹來非議的行為，是在經濟學之外我喜歡在多方面操作：搞攝影，練書法，寫散文，好收藏——皆嘗試，而且嘗試得認真。其實收藏是為考查訊息費用而引起的，算是學術研究。至於其他的"雜項"則是刻意地要讓自己的腦子離開學術，給腦子休息一下。

不愉快的回憶，不要說也略說一下吧。我有一個比我年長一歲的哥哥，名五倫，讀書了不起，但在美國讀了一年全級考個第一後，第二年卻患上了嚴重的精神分裂症。這位哥哥跟我很談得來，他一九六七年的早逝是我很痛心的事。我知道他患上的病有遺傳的因素，所以從當年起我感到要小心處理自己的腦子。我知道自己可以想得快，可以想得深，也可以想得奇，問題是我思想時的集中力很強，為一個難題我可以不斷地想一兩個月。

當年弗里德曼（Milton Friedman）和我有一個共識，那是人的腦子思想時是一種運動，要持之以恆地操練才可以保持在優質狀態。這無疑對，但因為哥哥的病，我恐怕思想集中過度可能闖出禍來。既然自己的集中力沒有問題，在壯年時我喜歡久不久調校一下這集中力，跟着是注意到思想如果能出現一個有節奏的感受，寫創作文章的效果會有明顯的改進，腦子也增加了舒適感。

問題是那對思想明顯有助的節奏不可以招之即來，往往要把思想的集中力減少，離開想着的問題，做其他自己有興趣的事，設法分心好幾天，然後回頭再集中。找協助分心的玩意於是需要，但年紀愈大愈是懶得到處跑。研究一下收藏品是一個方便的去處，但在趣味上可比不上研習書法。

研習書法用文革筆

我是在五十五歲才開始研習書法的。藝術讓感情發洩當然是好事，而在所有媒介中最方便的是書法。從來不認為自己會成為一個書法家，但今天練習書法，不僅宣紙相宜，墨汁選之不盡。只是我喜歡用的純羊毫的大而毛長的筆難找。機緣巧合，二十多年前我一手買下幾百枝文革時期製造的長鋒羊毫筆。那個時期的羊毫筆是最好的，只有一個弱點：當時的膠水不好，筆頭容易掉下來，筆桿連接着羊毛那部分容易破裂。可幸我一手買下幾百枝，是舊貨，價格相宜。今天這種筆市場見不到了。

我的書法可以嗎？天曉得，只是近兩年在拍賣行容易賣出去。堅持低價，偶爾成交價倍於底價就要求拍賣行替我捐出去給窮孩子讀書。人就是這樣，做任何事要有點成就感才容易繼續。書法難寫得好，非常難，而我注意到書法藝術不要管寫出來的是什麼字，關鍵是從事者能否把自己的情感不造作地表達出來。是不淺的學問，每次動筆我都在嘗試。這嘗試的本身是個好去處，是成是敗是另一回事。

伊甸園難倒愚蠢的經濟學

轉談收藏這項玩意吧。今年初，在廣州的一次講話中，我提出一個伊甸園的經濟觀。我說《聖經》記載的伊甸園，在其中亞當與夏娃什麼都有，享之不盡，但他和她享受着的沒有市價——全部是消費者盈餘——所以從今天我們世俗用以衡量生活水平的國民收入的角度看，亞當與夏娃是窮光蛋！享之不盡的生活，他和她的國民收入加起來是零！今天課堂上教的經濟學究竟是搞什麼鬼的？

我不同意美國是今天地球上的經濟第一大國，中國只能排第二。不同意，因為他們用金錢排列。

想想吧，隨意的觀察，中國的樓價比美國的高出一倍，而中國的高樓大廈遠比美國的多。因此，以房地資產論財富，中國比美國高出多倍。另一方面，炎黃子孫的人口是美國的四倍，聰明的腦子無數，少有種族歧視，以總人頭算市值，要超過中國不是那麼容易。

這裡的問題，是論到擁有無敵海景的房子，同樣享受水平的，中國之價高於美國的約十倍！這是説，儘管中國的房價高，因而業主多錢，但説到伊甸園的享受中國卻比不上美國。是的，無敵海景的享受我們的消費者盈餘是遠低於美國了。國民收入究竟應該怎樣算恐怕只有天曉得，我們肯定地知道的是目今盛行的算法及國與國之間的比較是胡説八道。

擁有無敵海景的廉價房子是近於《聖經》説的伊甸園。沒有這伊甸園是中國的不幸。然而，從另一方面看，我們也有一個美國沒有的伊甸園。這是中國的文化與文物，既深且厚，變化多，而享受這些不需要擁有。這裡的問題是享受無敵海景不需要學過，但要享受中國的文化與文物不可以不學。一九七五年的暑期，為了考查訊息費用，我花了兩個月在九龍廣東道考查產自緬甸的翡翠玉石市場，後來創立了經濟學的玉石定律與倉庫理論，都重要。跟着我轉到其他訊息費用奇高的物品去，主要是收藏品。珠寶等的收藏品不論，值得收藏的中國書畫與文物的訊息費用一律高，見獵心喜，我遇上就喜歡悉心地考查研究。到了八十年代後期，神州大地到處大興土木，推土機到處運作，出土的文物無數。為了考查訊息費用我一律跟進。

研究收藏品不是淺學問，但有趣，對我在經濟學問上的爭取有大助。另一方面，邏輯簡單：收藏訊息費用高的文物，我懂你不懂，我可以賺你的錢。再另一方面，要調校一下自己作研究思考時的腦子過於集中，久不久把玩一些文物有助，但總的來說比不上在宣紙上大揮幾筆那樣來得有舒適的效果。

第二章：
思想文章，傳世知難行易

道金斯（Richard Dawkins）一九七六年出版的《自私的基因》是一本重要的書，可惜他一般性地探討動物的自私行為，沒有集中在人類這種動物大事發揮他的高見。我說可惜，因為我要知道一個問題的答案：人類明顯地重視自己的身後聲名是否也源自自私的基因？我們沒有證據其他動物是這樣的，但人類是這樣。

古時的人，可能因為宗教的感染，相信自己死後會有來生。天賦高如蘇東坡，謝世前也那樣想。這可能解釋用物品陪葬的風俗在中國盛行了不止幾千年。但從明代起這風俗漸趨式微，到今天大家都懶得管來生這回事。另一方面，我們希望自己的後代生活得好，是人之常情，道金斯的自私基因可以解釋。但為什麼我們要管自己的身後聲名呢？

回顧歷史，中國的文人喜歡以反話來描述人類對身後聲名的重視。蘇子說"大江東去，浪淘盡，千古風流人物"，稼軒說"舞榭歌臺，風流總被，雨打風吹去"，孫髯翁說"便斷碣殘碑，都付與蒼煙落照"。這些惋惜、興嘆之辭，不正是表達着人類重視自己的身後聲名嗎？

想當年，蘇子寫好了他的《赤壁賦》，為恐皇帝可能把他關起來，不敢示人，每晚在後園朗誦，害得鄰居的老婦背得出來。為什麼不敢示人蘇子還要寫呢？我想是因為他知道該賦將會歷久傳世吧。他猜對了。大江東去，其浪也，淘不掉蘇東坡！

為什麼爭取思想傳世？

文藝或藝術作品是比較容易傳世的。我自己有些散文，寫得差強人意，發表了幾十年還有人讀，有些學校甚至要求學生讀。經濟學文章是另一回事。後者要傳世幾年也不易。經濟學的文章，足以傳世的是作者的思想，不着重感情的表達或文字的優美。思想這回事，來得抽象，何況太陽底下沒新事，思想究竟是誰的容易有爭議。算得上是真理的新思想一般難求。這裡我指的是經濟學文章，思想抽象，傳世或大或小需要是獨當一面或自成一家的創作，因而難求。

　　我是個不管身後聲名的人，但重視自己的經濟學文章能夠傳世。從自私的基因作解釋，我認為自己的思想文章彷彿是自己的孩子。文章發表後，我有我的生命，文章有它的生命，作者再也管不着，但花了那麼多的心血才"培養"成文，發表後就像自己的孩子，長大後離家而去，自己再也管不着，但總要關心一下他或她成長的命運如何。是的，思想文章，一旦離開了作者，有自己的生命，可惜此命也，通常短暫。是的，我認為自私的基因可以解釋人類希望自己的思想或文章傳世，但解釋不了為什麼人類要管自己的身後聲名。

　　經濟學文章多如天上星，大部分發表後沒有人讀。有些發表後大紅大紫，被引用或被提及無數，但過了一段時日就再沒有誰管了。我不管這些。我重視而又珍惜的，是那些文章發表後彷彿有它自己的生命，雖然離家而去，但過了若干年作者久不久還能見到它在一個思想範疇內發出一小點的光，彷彿對作者打個招呼，說：我還在。這一小點回報給我很大的滿足感。

文章傳世的一些證據

　　我平生沒有發表過一篇大紅大紫的作品。《佃農理論》那本小書出版到今天四十八年，加上其中兩章在兩份學報上發表，到今天，合計被引用二千多次。不差，但能超越這個數字的作品不少。然而，經過了半個世紀，《佃農》這組作品還沒有見到衰竭的跡象，在西方研究院的讀物表常見，一些朋友說是合約經濟學的中流砥柱，一些說觸發了代辦（Principal-agent）理論，而提到新制度經濟學，該作被認為是其中一塊基石了。

從傳世的角度衡量，文章被引用是不及被老師放進讀物表那麼重要的。學生為了考試而讀，而一旦放進了讀物表老師不會頻頻更換。影響一個研究生是協助着他的思想發展，而被引用只是放在文章的註腳中，讀者一般懶得管。從讀物表出現的頻率看，我的作品可能超越我這一輩的行內朋友。幾年前美國西岸一家大學有一份列出五十四項指定的讀物，其中九項是我的。出外留學的同學說，大學的經濟讀物表往往見到我的作品——當然不是每科都有，但一系之內總有些讀物表見到有。

我察覺到自己好些英語論著會歷久傳世，只不過是幾年前的事。一九六九年在芝大出版的《佃農理論》那本書，出版時只售幾美元，今天一本近於新的在網上叫價二千美元，而用過的也叫價八百。

我想，人家花那麼多錢購買一本小小的書，不會輕易拋棄。不久前我好奇地叫太太查察一九八二年在英國出版的《中國會走向資本主義的道路嗎？》那本更小的書，出版時售價一點五英鎊，今天叫價美元一百八十。就是四年後該書再版，加了一個後記，今天也叫價美元一百八十。我見自己沒有這本書，叫朋友在美國把初版與再版各買一本。

我的中語論著也有類同的運情。二〇〇九年在北京初版的《中國的經濟制度》，當時售價二十五人民幣，今天網上叫價最高一百八十。可惜除了《賣桔者言》，我沒有寫過一本稱得上是暢銷的書。但說到舊書再賣，我的運情很不俗。不久前在香港出版一套五卷的《經濟解釋》，寫了十七年，從三卷寫為四卷到最後再寫成五卷，我要求花千樹出版社刻意地精裝，只印製二千套，每套叫個天價一千港元！這樣，有朝一日這套書可能值很多錢。這是作者自製的傳世玩意了。去年法國一位學者把我一九八三年發表的《公司的合約性質》翻為法文。那是三十三年後才翻譯，顯示着該學者認為該文今天還活着。

以前不知今天惋惜

文章歷久傳世，作者夢寐以求。這些日子我見到自己的文章可以傳世那麼久，高興嗎？當然，惋惋惜之情更甚。為什麼呢？因為當年我做夢也想不到傳世文章其實是那麼容易寫，花了太多的魄力去處理那些艱深但吃力不討好的研究。要是當年我知道怎樣寫傳世文章，一年嘗試兩篇不難，而十篇中或有八篇傳世逾五十年！

可惜當年我不知道。回顧古往今來的經濟學作品，發表後五十年還有一小點影響力是作者足以自豪的了。但我大約要等三十年才能看到一點先兆，才能推斷傳世五十年的機會如何。這個三十年看到先兆的準則不一定靈光。一九七二年我發表的《中國的子女產權與婚姻合約》，到今天歷時四十五年，被引用只有八十八次。發表後三十年是二〇〇二，那時看該文傳世五十年的機會是零。殊不知今天看，該作歷久猶新，傳世五十年可以肯定，逾百年不奇怪。

經濟學的傳世文章真的不是那麼難寫，只是人的生命短暫，思想創作的時日更短，作者沒有發表過傳世文章不容易知道要選什麼樣的題材、要怎樣處理下筆才對。最近我完成了歷時十七年的《經濟解釋》，八十一歲，決定要在經濟研究退休了。高興見到自己的作品大部分還在思想市場存在，因而細察一下這些作品的頑固存在性是基於哪些特徵。不難找到。

從自己的作品衡量，傳世五十年只有三個特徵，缺一不可。其一是作品要有點新奇；其二是作品要有趣；其三是作品說的要是真理。讓我分點說說吧。

奇異的角度不是怪

新奇不是指創新。太陽底下沒新事，刻意地創新是經濟學文章的大忌，雖然走這路線的人似乎不少。新奇是指一個奇異的層面，最好是附帶一點精緻的美。傳世文章是寫給聰明的讀者看，聰明的讀者讀到一篇有奇異層面的文章，會想：這麼簡單，為什麼大家沒有想到過？這樣，在第一點的要求上該文就過了關。這裡要注意，千萬不要把"奇"與"怪"混淆。奇異是新意，可取而重要；來得"怪"就文章塵下。

我可以舉兩件自己的作品為例。其一是《佃農理論》，我起筆讓地主把土地一片一片像麵包那樣切開，問：地主要切給多少個農戶才能獲得最高的

27

收入呢？答案兩個小時就推了出來。從這麼一個奇異的角度看問題，文章傳世。

第二個例子是一九七三年寫《蜜蜂的神話》。傳統的分析，是蜜蜂採蜜漿是一種產品，蜜蜂替果樹傳播花粉是另一種產品。輪到我，只是簡單地把二者加起來，成為一種產品：既然蜜蜂採蜜時也一起傳播花粉，每箱蜜蜂的產值當然是二者加起來。這麼簡單，文章發表到今天四十四年歷久猶新，還可繼續傳世。當然，整篇文章還有很多其他的，但只要作者想得夠新奇，這裡一小點那裡一小點，讀者讀得開心，文章就不容易消逝。

有趣由品味決定

轉談有趣吧。首先要注意，上述的奇異層面一定有趣，但有趣卻不一定奇異。有趣是品味的問題。有些人天生沒趣，無可救藥。這些人可能天賦甚高，可以寫另一類傳世文章，但不是我從事多年的那一類。經濟文章的趣味有兩個源頭。其一是例子的選擇，其二是推理的轉向。

選例子最好是實例。實例要從真實世界的現象獲取，而我喜歡選用誇張的例子。後者一般趣味性高，而分析的論點讀者可以較為容易看得清楚。例如考查香港的租金管制惹來奇異的現象無數，我格外注意的是天臺木屋的僭建與一個小住宅單位分租為數十伙人家的合約結構。

在趣味上，可能更重要是一個理論或一個假說的發展：在推理上轉方向，作者往往有幾方面可以選擇。朋友們老是說猜不中我向哪個方向轉。其實我只是選有趣或過癮的方向。但如果要寫的是政策建議的文章，則作別論。政策建議的文章不容易傳世。

這裡我有兩件算是例外的作品。其一是一九八二年在倫敦出版的《中國會走向資本主義的道路嗎？》，其二是二〇〇八年在香港出版的《中國的經濟制度》。都是很小的書。這兩件作品既解釋現象也提出政策建議，今天看皆可歷久傳世。事實上，《制度》一文還未動筆我就知道將會歷久傳世了。這是幾方面的機緣巧合使然：中國的經濟改革是千年難得一見的大現象，我懂中文，對中國的文化歷史有掌握，而上世紀七十年代時我對經濟制度運作的理論掌握，美國的同事說是達到了前無古人之境。這是時來風把王勃送到滕王閣了。

真理靠事實細節支持

最後說真理。這是最重要的，也最困難。首先是理論要簡單，因為真理需要通過驗證，而驗證需要用可靠的實例。世事複雜，理論不夠簡單寸步難行。另一方面，實例的可信程度要靠事實細節的支持。用上錯誤的重要事實整篇文章就完蛋了。事實有足夠的細節支持，不容易出現大錯。可惜的是，事實的細節通常不能從他人提供的數據獲取；就是非常可靠的數據，沒有現象細節的支持不會有多大的說服力。讀者要是不相信你說的事實，不相信是真理，你的文章不可能傳世。

整體來說，寫傳世文章，其推論作者認為有重要內容的，還可以多走一步，他必定要多走那一步。記得我寫《優座票價為何偏低了？》一文，寫到結尾時我知道還可以繼續發揮三幾頁。但學報的編輯說文章太長，要減少幾頁。我刪去文章起筆的第一長節，編輯接受，但堅持不讓我在結論上再發揮。後來該文的論點被外人移植到"效率工資"這個話題去，是被誤用了。記得一九六二年在洛杉磯加大作研究生時，薩繆爾森（Paul Samuelson）到該校講話。我在座，聽到他說文章寫好後作者要繼續壓榨，繼續榨取。這句話很對，影響了我。

第三章：
超齡帶技，拜師屢遇高人

一九五九年的秋天，近二十四歲，我進入洛杉磯加大讀本科。十年多一點後，三十四歲，西雅圖華盛頓大學的經濟系擢升我為正教授。不是我要求的，只是一位老教授提出，其他的正教授一致贊同。三十四歲作為正教授比其他能擢升到這位置的年輕了五、六載。進入本科時是超齡五、六載，加起來，我是節省了十年時間。這使一些人認為我有什麼超凡本領。其實沒有。

本領不超凡，但際遇不凡。雖然讀中小學時我屢試屢敗，但生活的經歷讓我對真實世界的認識遠超當年在美國的同學與同事。二戰期間我在廣西挨飢抵餓，天天在荒山野嶺跑，八歲時對中國農民的操作有深入的體會，後來寫《佃農理論》的第八章，廣西的農植畫面一幅一幅地在腦中浮現，讓我解通了寫論文時找到的亞洲農業數據。沒有那逃難與饑荒的經歷，《佃農理論》不可能寫出來。數字歸數字，實情歸實情，二者皆有掌握才可以相得益彰。

饑荒是怎麼一回事，我知道，貧苦人家的生活與情懷是怎麼一回事，我也知道。二戰後在佛山唸小學，也是穿不暖吃不飽，同學們的家境如何時有所聞。跟着回到香港，雖然讀書不成，但在街頭巷尾到處跑，孩子的玩意無所不精，而一九五三年開始沒有學校收容，我到父親的商店工作了幾年，也在工廠實習過。這些經歷其實是研究經濟學的重要歷程。讓我解釋是怎麼一回事吧。

公理性的實證科學可作事前推斷

經濟學是一門有公理性（axiomatic）的實證科學（empirical science）。所有自然科學皆屬公理性，但在社會科學中只有經濟學是公理性的。舉社會科學中的歷史學為例，因為不是公理性，歷史學者只能在事後作解釋，不能在事前作推斷。我很佩服史學家的學問，在他們那裡學得很多，但史實的發生他們不能在事前肯定地推斷。舉個例子吧。一九八一年我推斷中國會改走資本主義或市場經濟的路，是事前推斷，肯定的，因為我用上的經濟分析是公理性。換言之，因為是公理性，經濟科學的事前推斷與事後解釋是同一回事——好比牛頓說蘋果離開了樹枝會掉到地上去，事前推斷與事後解釋是同一回事。牛頓的物理學是公理性。當然，這種科學要有肯定地錯的可能才有可為，因為驗證假說是求錯但希望不錯。

最簡單地看，經濟科學只有三個公理。一是需求定律，二是成本概念，三是競爭含意。七十年代初期我在美國提出的鈔票例子今天在西方成了名。一紙百元鈔票在人行路上會失蹤，經濟學的推斷萬無一失。這個現象在所有科學中只有經濟學可以在事前推斷或在事後解釋。考慮如下三點吧。一、需求定律說，如果沒有公安在場，該鈔票失蹤的機會較大，因為行人拾取的價下降。二、如果一個男子有佳人之約，急不及待，他拾取該鈔票的意圖下降，因為機會成本是上升了。三、如果路上行人較多，該鈔票出現爭奪的情況會上升——這是競爭的含意。

上述的三項公理基礎，驟眼看是小題大做，但經濟學的公理基礎就是那麼多——一九八一年我推斷中國會改走市場經濟的路的理論基礎也只是那麼多。這裡要注意，牽涉到生產的邊際產量下降定律與消費的需求定律是同一回事。因此，簡化到盡頭，五十年來我寫下的無數的中英二語的推斷或解釋的經濟學文章，來來去去不過是用上述的三個簡單公理作為基礎，只是我要花幾十年的心血才能一般性地作出上述的理論簡化。

以真實世界作為實驗室重要

這裡的關鍵問題，是公理性的科學一定要有實驗室的操作支持才可以有成就。所有自然科學皆屬公理性，從事者一律要不斷地在實驗室操作才能學有所成。經濟作為一門實證科學，其實驗室是真實的世界。因此，原則上，從事經濟解釋或推斷的人應該天天在真實世界跑。在進入加大讀本科之前我就不斷地這樣做，而獲博士後也不斷地到處跑，到處觀察。這解釋了雖然我要到二十四歲才進入本科讀經濟，但事實上我是帶技拜師，先走了一步。是的，只要能多記街頭巷尾的經濟現象，經濟學是可以先在實驗室操作然後才學理論的。自然科學則要二者一起學。

若干年前，我的兩位朋友（Vernon Smith 與 Charles Plott）提出了"行為經濟學"，仿效自然科學那樣創立實驗室，用上"代幣"等工具，後來其中一個獲諾獎。他們用上的方法我沒有跟進，但世界永遠是那麼複雜，簡化的自製實驗室不代表着真實世界，不會有大作為吧。我們知道，生物或化學等自然科學的實驗室複雜無比，經濟科學的人造實驗室一定要大手簡化。然而，世界永遠是那麼複雜，實驗室就在那裡，觀察很多我們才會知道怎樣簡化才對。

我建議讀者找機會細讀當年我寫下的《佃農理論》。是好是壞是對是錯姑且不論，讀者會知道該作不可能是一個不知世事的天才寫出來的。費雪（Irving Fisher）、薩繆爾森（Paul Samuelson）等人的博士論文無疑是天才之作，是純理論，可以不知世事。我的《佃農理論》算不上是天才之作，但不知世事不可能寫出來。

求學際遇不能更好

從一九五九的秋天進入洛杉磯加大讀本科到一九六五的秋天轉到長灘任教職那六個年頭，是我平生學得最多最快的時期了。超齡那麼多，當然知道那是爭取學問的最後機會。本科時教我最多的是阿倫（William Allen）與史高維爾（Warren Scoville），六一年進入研究院後教我最多的是鮑特文（Robert Baldwin）、赫舒拉發（Jack

Hirshleifer）、布魯納（Karl Brunner）與阿爾欽（Armen Alchian）。當年這六君子在國際學術上的名氣不大，今天網上的資料說他們一律是名家。

一九六七年到了那大名鼎鼎而又如日方中的芝加哥大學經濟系我才知道，因為弗里德曼（Milton Friedman）與施蒂格勒（George Stigler）再不教價格理論，那裡的授課實力比不上洛杉磯加大。可惜後者的經濟系一九六四年開始轉弱，源於該年鮑特文與布魯納離開該校，轉到其他大學去了。

不少朋友同意我的看法：上世紀的五、六十年代是美國大學教育的黃金時期。二戰後的美國如日方中，到處欣欣向榮。可惜到了七十年代，學生從反越戰伸延到反權威、反教授，從而導致算文章多少及論學報高下等無聊玩意。這不幸發展可沒有影響到我，因為我受到師友的維護。尤其七十年代在西雅圖華盛頓大學時，系主任諾斯（Douglass North）給我的維護與巴澤爾（Yoram Barzel）等同事的協助，使我在思想發展上有天之驕子之感。

想當年，進入了加大讀經濟系本科，不是希望成為什麼學者，而是要對一九五四年謝世的父親有一個交代。教歐洲經濟史的史高維爾鼓勵我嘗試研究院，要跟隨阿爾欽。他認為在學問上我有機會走得遠。當時我意識到，史老師關心我在學問上的發展，所以他怎樣建議我就怎樣做。

攻博士因為要等阿爾欽

一九六一年我進入了研究院，本想拿個碩士就鳴金收兵，回港侍奉母親。但阿爾欽當時造訪史丹福，所以在重要的研究院的經濟理論的課程上，我選修鮑特文教的。此師來自哈佛，在哈佛教過。他主要是教馬歇爾（Alfred Marshall）、希克斯（John Hicks）、魯賓遜夫人（Joan Robinson）與薩繆爾森這四位的論著。他教得有系統而又清晰。他的教法是把讀物中的困難章節，自己先消化然後反吐出來給學生聽。我學得用心——鮑師說我是他教過的最好學生。

一九六二年獲碩士，本來不打算讀博士，但阿爾欽還要多留一年在史丹福，為了要聽他的課我就轉攻博士了。等待阿爾欽，一九六二年的秋天我集中在旁聽赫舒拉發的課。他主要是教費雪與弗里德曼的作品。旁聽，因為選修過的不能再修。旁聽不算學分，但學分這回事，當時的同學與老師沒有誰管。我在赫師課堂上百無禁忌的提問與回應是同學之間的熱鬧話題。大家知道是赫師鼓勵我那樣做。

赫師沒有對我說我是他教過的最好學生，只是幾年後他寫到西雅圖給諾斯支持我升為正教授的信中，把我與費雪相比！

當時洛杉磯加大的經濟系，經濟學博士需要考四個範圍的筆試才可以寫論文——其中最重要的是理論。選修的科目一律成績好，一九六二年底我有信心通過這些筆試。但因為等待阿爾欽回校，要旁聽他的課然後考他的理論試題，我把該四項筆試推遲兩年，一九六四年的秋天才考。這推遲是我在求學上做得最對的一件事。

一九六三年的秋天我終於等到阿爾欽回校，當然趕着去旁聽他的課。一聽之下，嚇得魂飛魄散，因為我完全聽不懂阿師是在說什麼。阿師不提供讀物表，不管學生讀不讀或讀什麼，只是在課堂上行來行去，自言自語。同學們說懂，我卻認為不懂。要不是在聽阿師之前我選修的各科皆名列前茅，我會對自己失望。我合計旁聽了阿師六個學期（旁聽赫師也如是），就是一九六五年的秋天轉到長灘任教職後，也按時駕車回校聽阿爾欽的課。我要聽到阿師講課的第三個學期，才清楚他是在說什麼。聽得懂我如中電擊，因為意識到有朝一日我有機會達到他的水平。以教授之職為生計的意圖是從那時開始的。

布魯納是偉大學者

在加大研究院中我還有一位老師不可不提。那是布魯納。布老師當年不喜歡我，不認為我是可造之材，只是七十年代初期我在西雅圖收到他的一封信，説他讀到我發表的文章，大讚一番。後來在舊金山的一次集會中，我作主講，赫然見布老坐在大講堂的前排，正對着我，讓我高興得差點忘記了講辭。講話後他和太太趨前跟我握手。他太太説：“當年你為我們拍攝的人像照片我們還好好地保存着。”布老師説：“史提芬，你是個經濟學家了！”我回答：“老師，我很用功呀！”

布魯納是個偉大的經濟學者，認識他的人沒有一個不同意，可惜今天網上提供的關於他的資料是遠遠地低估了他。布老師對推理邏輯的嚴謹要求是我平生僅見。我在一篇英語文章中提到他的偉大，這裡再説，是希望後學的中國青年能多注意這個人。

同學們的吵鬧有大助

當年在洛杉磯加大的經濟研究院，我有五六位同學都是上上之選。赫舒拉發曾經說沒有見過那麼多的優質學生聚在一起。他在哈佛與芝加哥教過，應該作得準吧。我們天天聚在一起，吵吵鬧鬧，都是學術上的話題，尤其是在科學方法這個話題上。當年因為弗里德曼在一九五三年發表了他有名的關於經濟科學方法的文章，行內時有吵鬧。在這話題上當年加大的同學遠遠地走在前頭，有四個原因。其一是阿爾欽一九五〇年發表了那篇今天看將會歷久傳世的關於自然淘汰的文章。該文啟發了弗里德曼之作，但遠為優於弗老的。其二是我們幾位同學喜歡討論驗證假說這個話題，認為這是經濟學的趣味所在。其三是卡爾納普（Rudolf Carnap）這位世界首屈一指的邏輯大師在校內的哲學系教本科的邏輯，其中科學的驗證方法是個主題，同學們去旁聽，聽後當然繼續討論了。

其四，可能最重要的，是布魯納的存在。他也去旁聽卡爾納普的課，但知得比我和其他同學多。後來我在自己的文章用上的邏輯嚴謹，是受到布老師的影響了。更重要的是一次課後我向布老師提出一個問題，他簡單回答了幾句，對我有深遠的影響。

費雪之見優於凱恩斯

當時我問，凱恩斯學派的儲蓄與投資相等這個均衡點是搞什麼鬼的，我百思不得其解。布老師回答："不要管事前或事後之說，也不要管意圖不意圖。看得到的投資與儲蓄永遠相等，但看不到的，不是真有其物的，只能在均衡點上相等，正如在市場上，看得到的購買量與銷售量永遠相等，但看不到的需求量與供應量皆意圖之物，只能在均衡點上相等。"布老師這幾句話使我意識到，經濟學的均衡點不是真有其物。當時我正在猛攻費雪的《利息理論》，他的投資與儲蓄怎樣看也是同一回事，二者只是從不同的角度看。費雪與凱恩斯不可能二者皆對。後來我取費雪而放棄凱恩斯，但指出有些投資——例如購買古書畫——不事產出，對工業的就業沒有幫助。這樣看，凱恩斯學派的基礎錯得嚴重。

是的，有時老師隨意地說一句，我會想幾年。可惜我沒有機會對布老師說我終於認為費雪勝凱恩斯。我曾經問布老師："費雪的《利息理論》你認為怎樣？"他回答："那是一本很好的書呀！"為此我再回頭反覆重讀費雪，意識到在基礎上凱恩斯學派錯在哪裡。

第四章：
尋找路向的日子

　　一九五九到六五那六個年頭，我在洛杉磯加大的進境外人看是快。要不是為了多聽阿爾欽的課，我還可以多快兩年。阿爾欽幾番對人說他沒有見過另一個像我那樣能持久地拼搏的學生。我從來沒有假裝拼搏，而今天回顧，我算不上是怎樣拼搏過。當年我的空閑時間多，喜歡跟一些同學遊山玩水，或到深海釣魚，或在深夜到海灘捕捉小魚。為了要多賺點零用錢我有時在清早起來派報章，有時在課後替人家剪草，或替老師改試卷，或到學校的停車場作收費員——有時右手改試卷左手收費。我也曾經作過鮑特文與布魯納的研究助理。一九六二年開始我在該校的經濟系作助理教員。

　　課餘飯後，我喜歡在學生的活動中心玩半個小時的桌球，或橋牌，或乒乓球——事實上，當時我是加大的乒乓球單、雙打冠軍。我不做的課外活動是參與任何同學會或來自香港的富家子弟的派對。

當時在經濟學之外的朋友大多是音樂或藝術的愛好者。

翻書多讀書少

在整個求學過程中我認真地讀過的書及文章很少——加起來不過三幾千頁。翻書卻多，不止幾百本吧。翻書是快翻，書名和作者也記不起的。在旁聽赫舒拉發與阿爾欽的三年中，我喜歡長駐校內的圖書館。當時洛杉磯加大的圖書館沒有休息日，每天開放二十四個小時。我在館內申請到一個僅可在地上睡得下的小房間，內裡有桌、椅、書架各一。有電源，可用發熱針煮罐頭食品。我有時索性不回家，在那小房讀讀睡睡。有三幾位其他學系的同學也這樣做。

館內的書籍當然是分類在架上排列。通道上有手推車，我在架上找尋自己要翻閱的書，放在手推車上載得滿滿的，帶到自己的小房間，翻閱後把書放回通道的推車上，有服務員負責放回書架。圖書館規定學生不可以自行把書放回書架，以免放亂了。

當年翻書翻得快，因為察覺到在同一題材上，絕大部分的內容都是你抄我，我抄你，不容易找到幾頁算是一家之言。這樣的重複對我還是有助，因為讓我知道作者們的一般取向。偶爾讀到有點新意的，就停下來想一陣。

奈特給我的啟發

書本不論，在研究院我讀得最認真的文章，是科斯一九六〇年發表的《社會成本問題》，讀了兩年。當時我也重視奈特（Frank Knight）一九二四年發表的《社會成本的謬誤》。奈特說的與科斯說的大致相同，只是科斯引進交易費用，而文字也來得比較清晰。我曾多次提到科斯對我的影響，少說奈特。這裡說說吧。

奈特對我的影響主要有兩點，都重要。其一是在一九二四年的鴻文起筆的第一頁，他指出經濟理論的假設要與事實相符。這跟弗里德曼後來提出的"假設不需要是真實"有別。當年從內格爾（Ernest Nagel）一九六三的鴻文中我知道假設有好幾類，哪類需要是真實呢？反覆考慮奈特寫得不易讀的文章，得到的結論，是經濟理論關於局限的假設，一定要與真實世界的大致相符。這使我後來提出一句行內沒有誰反對的話：如果在化驗室作實驗指明要用一支清潔的試管，我們不能用一支不潔的而假設是清潔的。

奈特給我第二方面的影響，是他對庇古（A. C. Pigou）提出的兩條公路的批評，不僅對，而且含意着租值消散的出現。雖然租值消散（dissipation of rent）一詞出自戈登（H. Scott Gordon）一九五四年發表的關於公海漁業的鴻文，但明顯地是源於奈特的公路分析。戈登之作無疑重要，但他的分析是源於奈特——幾何圖表基本上是搬過去。戈登應該提到奈特，但沒有。科斯的《社會成本》是更重要的鴻文，也應該提到奈特，但也沒有。這是一個文字寫得艱深的天才需要付出的代價。受到奈特與戈登的啟發，我後來在租值消散這話題上發表了兩篇重要的英語文章：一九七〇年發表《合約結構》與一九七四發表《價管理論》。今天看二者將會歷久傳世。

一九六八年在芝加哥蒙代爾（Robert Mundell）家的酒會中，我第一次見到奈特，立刻走到他面前，衷心地說："教授呀，我從你一九二四的文章中學得很多！"他看着我好一陣，感嘆地說："那是很久以前寫的了。"我在自己的英語論著中提到奈特不多，很奇怪在《維基百科》寫《奈特》那項中，說奈特影響了五個經濟學者，其中四個獲諾獎，最後一個與該獎無緣，那是史提芬·張。他們看得出我的英語論著有奈特的影子，是給我很大的榮譽了。

論文題材的範圍取捨

在上述的為了多聽阿爾欽的課而把博士筆試押後約兩年的日子中，我考慮博士論文要選什麼題材與怎麼樣寫才對。當年美國的經濟學博士遠比今天的苛求：那時洛杉磯加大的經濟系幾年頒發一個博士，今天是一年幾個。另一方面，雖然我在圖書館翻閱的書一般是抄來抄去，註腳密密麻麻有點無聊，但校方指定博士論文跟碩士的不同，前者一定要是原創。太陽底下沒新事，什麼才算是原創呢？

我首先淘汰的，是福利經濟學那個範圍。鮑特文的課教福利經濟教得很詳盡，其沒出息的弊端清楚。赫舒拉發的課教理論清晰，但可取的新理論難求，不容易擠進費雪的行列中。赫師後來希望我嘗試把風險引進費雪的利息理論作為博士論文。那是當時的一個大話題：費雪的利息理論非常精彩，但沒有引進風險，是美中的不足。當時嘗試填補這個空隙的師級人物不少，包括赫師自己，皆沒有重要的收穫。赫師認為我是解通這個謎的適當人選。我嘗試過兩個月，無法肯定風險要怎樣量度才對，放棄了。

　　餘下來的選擇，是向驗證假說那方面走。這是當時幾位老師常有提及的路向，其中最重視的是阿爾欽。另一方面，在驗證假說的科學方法上我和幾位同學皆耳熟能詳。知道怎樣做，但沒有嘗試過，當然躍躍欲試了。驗證假說這回事，當時不少老師都在說，可惜我和幾位同學見不到有什麼精彩的成績。以弗里德曼為首的關於幣量理論的假說驗證當時常有討論，但到處都是爭議。說實話，雖然後來弗里德曼和我成為深交，我歷來不認為貨幣理論是那麼有趣。當時吸引着我的是戴維德（Aaron Director）的捆綁銷售的口述傳統。非常有趣，但我不能接受該捆綁是為了價格分歧。儘管如此，戴老的思維終於影響了我從合約結構那方面想出自己的佃農理論，那是我轉到長灘任教職的一九六六年了。

價格理論的掌握是關鍵

　　問阿爾欽博士論文要怎樣選題材，怎樣寫，他說是我的論文，要我自己想辦法。但他還是建議我讀幾篇他認為是有可取之處的文章。問赫舒拉發，他建議我參考前輩發表過的有大成的博士論文。為此我參考了費雪、薩繆爾森、勒納（Abba Lerner）與奈特這四位的成名之作。可惜除了奈特，其他三位大師的博士論文皆屬純理論，半點驗證假說的操作也沒有。奈特之作無疑是巨著，但他把風險（risk）與不確定（uncertainty）分為不同性質的因素沒有說服力，我認為這二者就是上帝也分不開。

作為有創意的博士論文，以驗證假說為重心，作者提出的假說當然要有新意。假說的背後是理論。理論當然可以是原創的。當年我否決嘗試，因為研讀過不少關於經濟發展學說的新理論，認為一律胡說八道，令人尷尬。是老師們教得好吧。我當時對價格理論的掌握不僅有相當的水平，而今天回顧那個水平其他大學的老師教不出來。我貫通了阿爾欽、赫舒拉發、鮑特文這三位老師教的。當時沒有哪家大學，在價格理論的教導上可以相比。對價格理論的掌握我當時感到舒適，但怎樣才可以推出有點新意的理論假說，然後付諸實踐作驗證呢？找尋可以作理論驗證的博士論文題材真的難，非常難，主要是因為自己沒有真的嘗試過。能成功地嘗試過一次，例如我後來想出寫佃農分成，跟着選其他有點新意的驗證假說的題材就變得容易了。這是說，一條難走得通的路，走通過一次，跟着再走或選走其他的，彷彿是老馬識途。

租金管制與明治維新

當年嘗試過的論文題材，最吸引着我的是香港的租金管制。考查之下，發覺資料太多太複雜，不是一個博士生要嘗試的。博士後，上世紀七十年代我在西雅圖大興土木地嘗試，終於一九七四年發表了《價格管制理論》那篇今天看可以歷久傳世的文章。

另一個嘗試過的題材，明顯地是個好去處的，是日本明治維新出現的迅速經濟增長。為什麼呢？因為我找到一本古老的厚厚的關於日本經濟的歷史書，用英文寫的，提到從德川時期轉到明治，日本的土地使用是把已經有私人使用權利的農地加上轉讓權。關鍵明確，而我當時正在研究土地產權的問題。但只能找到那一本關於日本從德川轉到明治的用英文寫而又提到土地轉讓的書。我拿着該書，約了阿爾欽及赫舒拉發兩位老師一起坐下來，問他們研究從德川轉到明治的土地使用的轉變與經濟效果，作為博士論文怎麼樣。他們一致贊同。但我說自己不懂日文，而圖書館內只有那本英語寫成的很舊的書提到日本的土地轉讓問題。阿師說可能只有這本書提到日本當時的土地轉讓，說不定只一本古書提供的資料足夠。

跟着我繼續找尋關於日本德川與明治時期的資料，追蹤到的是伯克利加州大學的經濟系有一位研究日本該時期的經濟歷史學者，是該校的教授，名為 Henry Rosovsky。我去信約見這位教授。他很寬容，讓我到他在伯克利的家的書房中談了兩個小時。該教授說得清楚：某程度的土地轉讓在明治之前早就出現，只是明治再放寬。他說有關日本土地轉讓的歷史文件與檔案很多，但全部是日文，讀不懂不能在這題材上作研究。

一年多後，我聽到 Rosovsky 轉到哈佛的經濟系任職，好些年後我聽到他是哈佛經濟系歷來做得最好的主任，也在該校當過校長。怎麼會那麼巧？我求學時遇到的學者後來多是名家。還記得那天下午在他家的書房中，他問我最喜歡讀哪篇經濟學文章。我說是科斯的《社會成本問題》。他說那是非常深奧的作品。

選題太難轉攻攝影

找尋博士論文題材，第一次嘗試，真的是難於登天。一九六四年的暑期，苦悶之餘，我索性離開圖書館，每天獨自拿着照相機坐在洛杉磯加大鄰近的一個小園林中，從事攝影藝術的操作達兩個月之久。老師與同學皆奇怪為什麼我失蹤了。在那兩個月中我想出新的攝法，獲得的數十幀作品展示着如夢如幻的光。一九六五年這組作品在加大展出，老師們多有去看的。一九六七年的春天，我把該組作品，加上其他的，在長灘的藝術博物館展出，不少刊物大事報導，都在談我的作品上的光。該展出延期了兩次，好些參觀者從遠地來。館長說他們要建新館，希望用我的攝影新作為開館的主題展出。為此一九六七年的秋天我駕車到美國的東北部，日夕拍攝了兩個星期，所獲甚豐。可惜跟着到紐約的唐人街吃午餐，餐後發覺車內的物品，包括近百卷還沒沖洗的膠卷，全部被偷了。光天白日，大街大巷，也如此。這是紐約。再從事攝影是二十年後在香港朋友的攝影室。這是轉到燈光人像那方面去，一九五八年在多倫多我作過職業操作的。

一九八八年十月，我在該攝影室替弗里德曼攝了他的燈光人像，他喜愛，說永遠不會把另一張他的照片給媒體。今天該作在網上頻頻出現，當可傳世矣！

第五章：
佃農理論出於長灘州立

　　當年洛杉磯加大經濟系的規定，是先過了四個範圍的博士筆試的關才寫博士論文。這四項筆試最重要是理論。因為我要考阿爾欽出的理論筆試，要多旁聽他的課，所以在考該四試之前就先考慮論文的題材了。阿爾欽及赫舒拉發不管我的先後取向。

　　當時美國的博士筆試是隆重的，被認為是英國博士與美國博士的主要分別：當年英國的只寫博士論文，沒有筆試，但據說英國的博士論文比較苛求。有人說這邊難，有人說那邊難。一般人認為美國的博士比較難，主要是因為那些博士筆試。當時美國的大約要多花兩年時間。然而，我有不少同學博士讀不成，主要是論文難倒他們，不是博士筆試。

　　當時一年分兩個學期，那四個博士筆試同學一般分四個學期考，也有分兩個或三個學期考的。我選在五天內考四個。那是一九六四的秋天了。論文題材選來選去還是一片空白，過了該四試的關再算吧。我沒有作什麼應試準備：天天都在想的學問，還有什麼需要準備的？

五天四試，同學譁然，但我知道在論文題材上自己還是一片空白，難關未過，博士遙遙無期也。在這個失望、苦悶的情況下，我考慮在其他大學找一份教職換一下環境，才再攻論文。那是一九六五年的春天。

經濟學易找教職的年份

一九六五很可能是經濟學最容易找到教職的年份。該年初我還沒有嘗試出外找教職，就有四間大學招手。一間是位於加州中部的州立大學，我去傾談過。其他三間二話不說就寄聘用合約來。那是美國的 University of Alaska、英國的 University of Sussex 與澳洲的 University of New South Wales。我沒有去信求職，而他們沒有看過我的讀書成績，沒有要求推薦或介紹我的信，就寄聘用合約來了。可見當時的經濟學教職容易找，導致讀數或讀統計、物理的紛紛轉攻經濟。

我選去位於長灘的加州州立大學任教職，因

為此校離洛杉磯加大只一個小時車程，讓我可以容易地回校聽課及跟老師們研討論文。當時我駕車到長灘市看了，見到是近海，環境可人，就到那裡的州立大學——California State College at Long Beach——的經濟系求職。他們不知我是誰，問我老師的名字，要了我的聯絡電話。過了一天就通知我有職位了。

三年合約，我隨時可以辭職。是助理教授（assistant professor），稅前月薪五百美元，比我在加大作助理教員（teaching assistant）的月薪高一倍，但每星期要教十二節課，比作助理教員也剛好多一倍。當時的師友說，州立大學這回事，因為以教書為主，研究可做可不做，是易進難離的學府。他們說沒有誰進入了這類學府後，可以再到以研究為主的學府去。

德沃夏克凡事維護

一九六五年的秋天進入長灘州立，他們把我安排與德沃夏克（Eldon Dvorak）共用一個辦公室。德兄比我年長幾歲，沒有發表過什麼文章，是西雅圖華盛頓大學的博士，經濟學的基礎好。職位比我高一級，德兄健談，辦事能力強，若干年後，他一手搞起美國的西部經濟學會，會員多達三千，是美國第二大的。

到了長灘幾個星期，德兄就對其他同事說，有朝一日，長灘州立會因為我在那裡教過而知名。當然是胡說，但對我沒有害處。一年後，德兄跟一些學生聯手，給我弄來一個十八間州立大學的最佳經濟學教授獎。這對我的好處更大，因為我是中國人，教書的英語水平總有疑問，這個教授獎是把這疑問消除。我在前文提到一九六七年初在長灘藝術博物館舉辦盛況空前的攝影個展，也是由德兄穿針引線，然後替我在大學申請得五百美元資助，跟着因為資助不足，他親自在家中的車房給我造了數十個相片木框。

台灣的土地改革與農業年鑑

一九六六年的春天，事情終於發生了。我在一份中語刊物讀到，一九四九年初台灣推出農地土地改革，大幅地壓制地主的農穫分成率，台灣的農業產量因而急速上升。政府大事管制導致產量急升，言不成理，我想是國民黨的反共宣傳吧。姑且到長灘州立的圖書館看看有什麼資料可教。那是一間很小的圖書館，沒有什麼書，但奇怪地有一整套《台灣農業年鑑》。提供經濟資料的政府推出的年鑑，通常簡略，吹水多於實情，是政府的宣傳工具，作為實證研究的資料一般是廢物。然而，那一年出版一本的《台灣農業年鑑》卻毫無宣傳文字，只是數字密密麻麻，其詳盡程度之前我沒有見過。

一年一本，沒有缺失。我把整套年鑑借了出來，細心審核。這些農業數據分縣處理，然後分水田與乾地，又分耕地與輪植地每年的變動面積，跟着是分不同植物的用地的輪植面積與收成的每畝的平均產量。我花了兩個星期反覆審核，找不到半點矛盾或互相衝突的地方。得到的結論，是那些數字不可能是假造的。

一年後我大手而又全面地利用這些數字寫出那重要的《佃農理論》的第八章時，阿爾欽讀到也嚇了一跳，問那些數字從何而來。我帶幾本《年鑑》給他看，他自言自語："發神經，怎麼有人會那麼詳盡地搜集這些數據呢？"他要求我去查詢，我去信台灣有關當局，得到他們解釋搜集數據的方法，阿師滿意。科斯後來對人説："經濟學的實證研究，《佃農理論》不能被超越。"

一個晚上解通佃農分成與租管效應

我曾經寫過，一九六六年的春天，在長灘，當我認為《年鑑》的詳盡農業數據是可靠時，一個晚上我坐下來，用簡單的傳統理論推斷台灣政府壓制地主的分成率會否導致農業產量的上升。我先推出沒有政府的管制，在佃農分成下，農地與農民勞力的產出效果會怎樣。我見佃農分成沒有一個價，只有一個分成的百分率，求不出資源使用的均衡點。受到戴維德的的捆綁銷售的影響，我多加一個簡單的合約條款均衡點就出來了。（後來在芝加哥大學的亞洲圖書館我找到中國的佃農合約版本，這條款果然存在。）佃農分成的均衡與地主自耕、僱用勞工或以固定租金把土地租出，這四者的資源使用效果完全一樣。沒有什麼新意。但當我加進政府壓制地主的分成率，該農戶的產量卻上升了。這跟台灣政府說的一樣。

我曾經寫過我要用三個小時去說服德沃夏克我的佃農分成理論與台灣的減租效應，在所有的細節上都對；也寫過在一九六六年五月我提供十一頁紙的文稿，在母校陳述該理論與台灣的減租效應時，在座的數十位老師與同學一致反對。政府管制分成率會增加產出不容易相信。後來我才知道，佃農分成在我之前已有定案：地主抽分成有如政府抽稅，當然無效率，會有減產的效果。這傳統顯然沒有想到，地主不是政府，減產對地主不利，而後者可採用固定租金合約，或僱用勞力，怎麼會蠢到去選擇減少自己收入的合約安排呢？後來一九六八年在芝加哥大學的圖書館，我追溯斯密之後的佃農思維，發覺他們其實不蠢，只是找不到正確的分析。

今天我有點遺憾，一九六六年五月寫下的那十一頁眾人皆否決的關於佃農分成與台灣農地租管的文稿，沒有保存下來。要是該稿還在，拿去拍賣可能值點錢（一笑）。眾人否決，過了一天阿爾欽要求我讓該稿在他教的研究班討論。我當然高興。一些同學為我緊張起來。我當時在長灘，每三幾天收到同學的電話，說還沒有誰在我那十一頁的文稿上找到邏輯上的錯。

阿爾欽給我亮了綠燈

一個月後，阿師通知我，說我的佃農分成與台灣租管可以動筆，準備要寫兩年。後來八個月完工，阿師說是奇跡。六月底動工，是暑期開始了。當時我不擔心我的佃農理論找不到農業資料或數據的支持。我擔心的是自己對台灣農地改革作出的肯定推斷。是這樣的。台灣政府一九四八年四月推出那有名的三七五減租的土地改革，即是把地主出租給農戶的農地，由有關當局估計的平均地主佔收穫百分之五十六點八的分成，硬性地一律減為地主只能從農戶收取收穫的百分之三十七點五。不管原來的農地租用合約是固定租金合約還是佃農分成合約，皆被政府約束，地主所收不能超越總產值的百分之三十七點五。

當時我的理論推斷，是在那硬性的三七五減租下，台灣農產品的總產值會上升。更為重要是農地的邊際產值，出租的農地會高於地主自耕的；另一方面，農工或勞力的邊際產值，出租的農地會低於地主自耕或僱用勞力代耕。這導致同樣的農地，地主自耕與出租的，二者土地的邊際產值不同，勞力的邊際產值也不同。這是說，雖然在三七五租管下，農產品的總產值是上升了，但同樣的農地其邊際產值不同，同樣的勞力其邊際產值也不同。這是經濟學說的無效率，否決了台灣政府之說。

要怎樣去證實上述的兩項邊際產值不等之說呢？這是大麻煩，不是小麻煩。《台灣農業年鑒》提供的資料是難得一見的詳盡，但只是各種農作物的平均土地產量，沒有什麼"邊際"的數據。我當時知道經濟學有一個"可變比例定律"（law of variable proportions），容許從一種生產要素的平均產量的轉變來推斷另一種生產要素的邊際產量轉變，而這定律的細節變化我當時有全面的掌握。問題是《年鑑》的數據雖然包括有所有農產品的土地平均產值，勞動力的多少可沒有提及。

先作推斷棄用電腦

當阿爾欽一九六六年六月容許我動筆時，我已經為上述的"邊際"難題想了一些時日；六月阿師給我亮了綠燈，我就大事"去馬"。苦思兩個星期，我憑自己知道的《年鑑》資料推出一系列在三七五租管下會出現的農業產量轉變，從而推出含意着的土地與勞力的邊際產值轉變。我把台灣不同的縣排列，把水田與乾地排列，把不同的農作物的輪植土地排列，也把不同農植需要的勞力投入排列。我跟着在紙上寫下七、八項在三七五租管下將會出現的排列圖案轉變，從而間接地證實在該租管下土地與勞力的邊際產值轉變。反覆思量，我認為這些推斷不會錯。

當時德沃夏克天天坐在旁邊，見我寫下那些推斷，很替我擔心，問我要怎樣處理。我說要有一位助手替我把《年鑒》的數字加加減減，乘乘除除，也要用一間較大的房間。德兄立刻替我找到一些錢聘用一位助手，也找到一間較大的房間，他和我一起搬進去了。當時電腦的使用正在興起，其他同學或學者都把找到的數據打在紙卡上，一盒一盒的，然後到洛杉磯加大的電腦中心排隊輪候電腦時間。有兩個原因我決定不用電腦處理數字。其一是《年鑒》內的數字太多，要用上無數紙卡，遺失了少許就哭得出來——這是一些同學的經驗。其二是我見那些採用電腦的，用回歸統計算出來的結果不滿意，喜歡轉換方程式或換數據，再到電腦中心排隊。我不認為那是可取的玩意。理論或假說推斷這回事，想得仔細，清楚，數據說是錯了應該回頭在理論假說那些方面再想。當時用手搖動的計算機的聲浪震耳欲聾，難得德兄整天坐在同一房間受聲浪之苦。一九六六年的暑期過後，助手和我把那七八項推斷的結果都算出來了，沒有一項不是正中我事前推斷的。我高興，德兄可能更高興——他在同事之間奔走相告。

第六章：
芝加哥大學的圖書館

儘管求學時我有過目不忘之能，但今天老了，早上想到的，下午就忘記。數十年前的往事倒還記得多一點。我寫過《佃農》的往事，今天再寫，從另一些角度下筆，時日的記憶可能跟以前說過的有出入。年份不會錯；至於月份，我只是憑着幾個關鍵日子，這裡加那裡減，弄錯了一兩個月不奇怪。對讀者來說，時日的準確性不重要，但我要追溯自己的思想歷程，好讓同學們知道，當年新制度經濟學的發展與後來的災難是怎麼樣的一回事。這學派發展時，我是唯一的站在中心的人。

一九六六年的秋天，我整理好《台灣農業年鑒》的資料，多個需要驗證的含意得到支持，知道博士論文已經掌握。我參考過前人的重要論文，對那些大師的作品雖然佩服，但從一個新理論通過事實驗證來衡量，我有機會超越他們。為此我決定放慢下來，把算得清楚、詳盡的《年鑒》及其他有關的資料整理好，放在一旁，先處理其他的章節。

一稿兩投的結果

一九六六年十一月，我寫好了《佃農理論》的主要長章。那是沒有三七五租管的那部分，提出自己的理論與指出傳統的分析錯在哪裡。該章經過赫師與阿師的指導，修改得他們高興。急不及待，我把該章寄到兩個地方。其一是芝加哥大學的出版社，希望他們能替我出版一本書，但說明那只是書的一章，其他的還沒有動筆。該社的編輯很快就回信，說要出版該書，希望我能儘快把整本書寫好。後來在芝大我跟這位編輯見過幾次面，今天很遺憾當時沒有結交這個人。只看一章就作出整本書的判斷，這位編輯了不起。可幸後來我數易其稿把整本書寫完，沒有讓他失望。

其二是我見該章是獨立的，把文稿寄到《美國經濟學報》（AER）。該學報的編輯也很快就回信，說文章不錯，但傳統說佃農的分成率是由風俗決定的五十、五十，要求我把文章改為五十、五十的分成。我沒有回覆他。後來到了芝大我把同一文稿交給那裡的《政治經濟學報》，主編蒙代爾收到評審的報告後，對我說："為什麼你那麼傻，你的文稿可分為兩篇文章發表。這樣吧，我要前一半，你把後一半交給科斯的《法律經濟學報》吧。"我很快就把前一半交給他，只改了一下引言與結語。後一半呢？我多加了不少在芝大找到的重要資料，過了半年才交給科斯。

杜瑪推薦夏保加不管名頭

一九六六年十二月，在長灘，我無端端地收到杜瑪（Evsey Domar）一張邀請卡，叫我到他的家參加新年除夕酒會。杜瑪的大名我當然知道，但他不認識我，為什麼會邀請我呢？他任教於麻省理工，當時在洛杉磯鄰近的蘭德公司造訪。好奇地應邀，見他家中有不少客人，沒有一個我認識！酒會中途，杜瑪高聲說："誰是史提芬‧張？請站出來。"我應了。他帶我到廚房去，說："赫舒拉發給了我你論文的一章，我讀後認為你不屬於長灘，要不要到麻省理工試一試？"我說可以。一個月後收到他的信，說麻省理工沒有空缺，但他把我那一章文稿寄到芝加哥大學給基爾‧約翰遜（D. Gale Johnson）。杜瑪又說芝大有一個博士後獎金，曾獲該獎的有阿羅（Kenneth Arrow）與蒙代爾，叫我申請。

　　約翰遜曾經寫過佃農，我在該章直指他的錯，措辭不留情面，所以不便申請。過了個多月，赫舒拉發給我電話，問為什麼我還沒有申請芝大那個博士後。我無以為對，寫了一封簡單的信到芝大，兩天后就收到那裡的經濟系主任夏保加（Arnold Harberger）的電報，說我獲該獎，年薪八千美元，不用抽稅，什麼也不用做，只是要到芝大一年。

　　我當時只寫好論文的第一長章，怎樣去當博士後呢？想了幾天，掛個電話到芝大給夏保加，說論文只寫好一章，問他可否把該獎延遲一年。夏保加說："芝大經濟系所有的教授都是先生或小姐，沒有誰管你是不是博士！"無話可說，加上當時香港出現了一件不幸的家事，阿爾欽寄給我一紙五百美元的支票，讓我聘用打字助手，六個星期後我把論文趕起了。這趟工主要是後來出書的《佃農理論》的第八章，引用《台灣農業年鑒》那部分的資料，怎樣安排怎樣驗證及細節要怎樣處理我想過無數次，動起筆來有如長江大河，很痛快。

約翰遜的指導

　　一九六七年的秋天到了芝加哥大學，在那裡呆了兩年，遇到的能人異士我曾經寫過，這裡只說《佃農理論》在該校的發展吧。

到芝大後我先到該校的出版社，交《佃農理論》的文稿給跟我聯絡過的編輯。他高興，說文字編輯處理後會出版。我跟着去找基爾‧約翰遜。他是我曾經批評過的農業經濟專家，芝大經濟系的教授，也是當時芝大社會科學院的院長。

我平生認識的大學管理高層不少，沒有見過一位達到約翰遜的水平。他客觀、公正、重視人才，永遠是先想一下才說話。他重視我的佃農分析，明知我在論文中批評他，也堅持要給我那項博士後獎金。後來另一位芝大教授對我說，選該獎金的得主時，約翰遜是委員主席，堅持不考慮其他申請者，要是我不申請就空置該獎。

作為芝大一個大學院的主任，約翰遜日理萬機，但他永遠接見我，我要多少時間他也提供。不久後我在芝大的兩間圖書館找到新而重要的關於佃農分成的資料，但出版社那邊趕着要出版，我求教約翰遜，問他應該怎麼辦。他說讓他想兩天。果然，兩天後，他親自到我的辦公室，說："你的問題我想清楚了。一般來說，像芝大那麼有名的出版社，要出版你的書應該立刻給他們出版。但你的

《佃農理論》有機會成為一部經典之作。相信我吧，一個學者的一生不容易有這樣的機會，就是你自己能再有這機會也不容易。所以我認為你要多花一年時間去改進這本書。"

我依他的，認真地多花一年。也算時來運到，當時芝大有兩間圖書館提供的資料，好些我寫論文時沒有機會見到。我掌握着這些新找到的資料，把原來論文的兩節擴充為兩章，都重要。結果就成為今天大家見到的一九六九年在芝大出版的《佃農理論》了。

芝大主館有求必應

先談芝大的圖書主館吧。那是我平生用過最好的圖書館。書多尚在其次，重要是他們的服務是我平生僅見。是怎麼樣的服務呢？任何在該館內找不到的書，只要你能提供作者及書名，他們會立刻從其他圖書館借來給你。要是其他圖書館不肯借出，他們會付錢影印一本給你。快捷，準確，有求必應！

有這樣難得一遇的服務，我在該館考查研究，做了兩件事。其一是追溯從斯密到我那近兩百年的關於佃農分成的理論發展，寫成了後來《佃農理論》的第三章。該章寫得好！怎可能不好呢？你要哪本古書該館立刻提供，要寫得不好也不容易。同學們要找機會細讀該章，去體會一下什麼才算是學問。這方面的學問，是要有足夠的資料在手才可以發揮。

劍橋的實證水平塵下

我見到該館的服務那麼好，就嘗試另一項考查。那是關於庇古一九二〇年出版的《福利經濟學》那本巨著，其中他引用很多農業資料——尤其是中國的農業資料——來證實農戶與地主之間的租田合約不善，從而導致私人成本與社會成本分離。庇古引用哪本書的資料為憑，我就追查哪本書；該書引用到另一本，我就追查另一本。如是者一路追到盡頭，竟然發覺庇古之說全部毫無實據！

我又發覺劍橋的馬歇爾（Alfred Marshall），一八九四年作《經濟學報》的主編時，高舉一位名為 Henry Higgs 的提供的一篇關於法國佃農分成的文章。該文只考查一個農戶，分成率剛好是五十、五十，而作者的整篇文章很馬虎，要是我作評審不會建議取錄，但馬歇爾卻把該文放在首席位置。我知道馬歇爾曾經用了幾年時間考查工廠，但從他的巨著中我看不到他對工廠有深入的認識。見到他高舉 Higgs 之作，我不無感慨。馬氏是劍橋的大師，理論天賦之高不見古人，庇古是他的弟子，也屬大師。這二者代表劍橋的經濟學，該學派對實證研究的要求屬塵下矣！

是的，經濟學就有這樣的一個問題。一個作者憑想像提供一個例子，另一位作者引而用之，如是者傳了開去，傳得幾次，就變為事實！

小圖書館是個金礦

當年在芝大我也常用的是另一間圖書館，很小的，名為亞洲圖書館。在該小館我發現了一個小金礦。是這樣的，上世紀二、三十年代，一位名為卜凱（J. L. Buck）的教授（賽珍珠的丈夫），到中國的金陵大學（今天的南京大學）作中國農業的實地調查研究。這些研究做得認真、詳細。卜凱的幾本書我在洛杉磯加大時讀過，但可沒有想到，當年的金陵大學給他提供的多位助手，其中有幾位也為中國的農業著書立說，是用中文寫的，在芝大的亞洲圖書館見到。該館也有幾家國民政府的機構在大陸時出版的農業報告，提供的資料跟卜凱的助手提供的沒有衝突，顯得珍貴可靠。

　　我為這些新獲得的中文資料做了三件事。其一是在出版的第三與第四章我增加了不少假説驗證。其二是在書後的兩個附錄我提供了中國不同地區與不同等級土地的不同分成率，以及在二十二個省份中的固定租金與分成租金之別。這些資料明顯地推翻了傳統認為分成率是由風俗決定之見，也推翻了佃農分成地主的收入會比固定租金為低。當約翰遜見到這些附錄時，叫出聲來，説："傳統的分成率由風俗決定之説真的害死人。要是昔日我能見到這些數據，我的分析當會不同。"

合約經濟學的起源

　　可能更重要是我在芝大的亞洲圖書館中找到中國昔日農地出租的合約版本：固定租金合約、分成合約、鐵板租合約、固定租金合約加大失收的減租條款等，而分成合約與固定租金合約的主要分別，是前者對農植的選擇與土地的耕耘皆有明確的指定。我不認為這些白紙黑字的合約版本支持着我的理論是那麼重要，因為合約這回事，在中國，文字還沒有發明之前就出現，而在二戰時我在廣西農村所見，是農民既沒有錢，也不識字，口頭合約還是有效的。既然這些合約的文字版本存在，我是找到金塊了。

重要的問題明顯。我的理論說不同的合約安排有相同的產出效果，為什麼市場會有不同合約的出現呢？一九六八年十二月，天大寒，我在芝大的國際學生宿舍拿着六款從亞洲圖書館影印過來的租田合約的版本作考慮，問：為什麼有時這樣選有時那樣選呢？這就是今天的合約經濟學的起源了。

拿着那六張紙我想了多晚，這樣不對那樣又不對，最後我選擇以風險規避與交易費用這二者的變化來解釋不同合約的選擇。寫成的文章受到施蒂格勒（George Stigler）與戴維德等人讚賞，也導致代辦理論（principal-agent theory）的興起。一位朋友甚至把該章翻為方程式而獲諾貝爾經濟學獎。但我自己總是覺得有點不妥。到我終於解通合約選擇的密碼時，是三十多年後的另一個年代了。

下文可見，雖然《合約的選擇》一文既有趣也有新意，但因為走錯了一着棋，導致後來的新制度經濟學出現了災難性的發展。

第七章：華盛頓學派的微光與新制度經濟學的災難

　　在芝大我呆了兩年就轉到西雅圖的華盛頓大學去。當時前者如日方中，後者弗里德曼說是荒山野嶺。科斯嘗試挽留，說留在芝大我有機會成為另一個馬歇爾。夏保加說要是薪酬是問題，他可以處理。然而對我來說，芝大的學術氣氛是過於熱鬧了。外來的講座，不同範圍的工作室，天天有；要評審或要閱讀的文稿，每天都有新的。我可以不管這些，但不管就不是芝加哥。從本科算起我已經十年窗下，是到了獨自創作的時候。想到什麼有新意的我喜歡求教他人，但思考時我要獨自遐思。當時我也決定不再讀他家之作，有什麼需要知道的求教他人就是。

諾斯與巴澤爾

　　一九六九年的秋天到了西雅圖華大，幾個月後他們升我為正教授。這不重要。重要的是經濟系主任諾斯與社會科學院的院長貝克曼分別對我說，教授要算文章多少與學報高下，這些準則一律與我無干。我只是做自己喜歡做的。諾斯是一個非常重視思想創新的人，對思想的重要性有好的品味判斷。他就是維護思想創作。

更為重要的是同事巴澤爾。巴兄的思想細緻緊密，在推理上一些微小的錯他看得出來。有他站在旁邊，我那魂遊四方的想像本領如魚得水。一九六九我到西雅圖時，巴兄要造訪英國一年。他回歸後我們日夕研討了十二年。這是行內的典故。

我到西雅圖時帶着一份題為《合約結構與非私產理論》的文稿，巴兄讀後不發一言。一九七○年該文在《法律經濟學報》發表，指出合約不可能是完整的，要加上風俗、宗教及其他法律約束來運作。想不到，後來那"不完整合約"（incomplete contract）的思維竟然大行其道，甚至有人獲諾獎。合約怎可以是完整的呢？租用一間公寓，合約真的要寫得"完整"，幾千張紙也不夠！分析"不完整合約"是愚蠢玩意，只是方程式可以弄得洋洋大觀而已。

巴兄訪英那一年，我寫了《中國的子女產權與婚姻合約》，他沒有機會讀到我就給英國的《經濟學報》發表了。四十多年後巴兄對該文重視起來！除了上述，從一九七三年發表的《蜜蜂的神話》到二〇〇八年發表的《中國的經濟制度》，我所有的英語文章皆先由巴兄過目，他一律讀得認真，提供意見，我一律考慮。

華盛頓經濟學派

今天還有不少人提到的"華盛頓經濟學派"（Washington School），可能源於一九九〇年諾斯在一本書的一個註腳中提及，並高舉我是該學派的創始人。當年有關的人物零散，但今天回顧其實不差。巴澤爾和我之外，諾斯有一小組研究歐洲經濟歷史的。系內有幾位很好的研究生，其中兩位了不起，也有幾位實力不俗的年輕同事。這學派顯然沒有因為諾斯和我一九八二年離開華大而中斷。巴澤爾能以一夫之勇，繼續培養出一些優質學者，發表的類同該學派的文章有看頭。當年諾斯和我完全沒有想到大家的爭論及偶爾發表的文章，後來會被外人高舉為一個學派。可見一個學派的興起不是那麼困難，只是我們當時不知道。

華盛頓學派究竟是怎麼樣的學問呢？有三方面。其一是重視假說驗證。雖然巴兄懂得教回歸統

75

計，但基本上華大那組人很少用。他們也不用功用
函數的分析。他們用的主要是我在《佃農理論》中
的驗證方法。這方法不是由我發明——我只是從他
人的文章選出好玩的。其二是華大的同事重視交易
費用。交易費用這回事，自科斯以還，基本是說的
多，用作解釋現象的少。像德姆塞茨（Harold
Demsetz）那樣的交易費用大方家，他主要是用於
提出改進社會的建議。華大則完全不管什麼是好什
麼是不好，集中在交易費用對行為或現象的影響。

其三是華大當年重視租值消散這個話題，由我
帶起的。上文提到一九七〇年發表的關於合約結構
的文章，其中一項貢獻是修正了戈登一九五四年的
租值消散分析。在華大，有巴澤爾在旁邊，我把問
題倒轉過來，指出減少租值消散是個人爭取利益極
大化的行為，從而在多方面解釋無數的難明現象。
後來一九七四年我發表《價格管制理論》，在寫作
過程中天天跟巴兄研討。巴兄認為該文是他讀過最
好的。可惜難讀，雖然重視的朋友多，不少說讀不
懂。不管怎樣說，當年在華大我發表的一系列文
章，今天成為經典。

新制度經濟學的起源

轉談新制度經濟學的發展吧。老一輩的早就退休了的哈耶克與奈特等前輩不論，上世紀六十年代興起的新制度經濟學，參與的主要是五個人。從年齡最高的數下去吧。

第一位當然是戴維德了。捆綁銷售的口述傳統是戴老的智慧，而新制度經濟學的主要刊物——《法律經濟學報》——創刊時是由戴老作主編幾期才讓科斯繼任的。沒有戴維德，科斯的兩篇鴻文——一九五九年的《聯邦傳播委員會》與一九六〇年的《社會成本問題》——不容易有人賞識，而且兩篇都刊在該學報的首位。在芝大時我認識戴老，他很喜歡我的作品。我每一篇文稿他都細讀，給我鼓勵無數。後來戴老成為巴澤爾的深交，我在巴兄面前永遠高舉戴老可能有點影響。

第二位是科斯。作研究生時我熟讀他的作品，但要到一九六七年的秋天才認識他。科斯和我的關係是經濟學行內的典故。八十年代在英國出版的經濟學百科全書，《科斯》那項是由我寫的。

第三位是我的老師阿爾欽——他的《百科》項目也是由我執筆。阿師被認為是近代產權經濟學的鼻祖，主要是源於他在課堂上的口述。我聽了六個學期他的課，《佃農理論》也是在他與赫舒拉發指導下寫成的。

第四位是德姆塞茨。一九六二年，在洛杉磯加大，我是他的改卷員。其後他轉到芝大，一九六三年阿爾欽給我一份厚厚的他的文稿（後來分兩篇發表），引進交易費用來再闡釋帕累托條件，對我的影響很大。德兄的論點主要是批評政府，是當時我讀過的最好批評。後來我在《價管理論》的結語中提出一個問題：如果算進所有的局限條件，政府的存在與所有政策的出現皆源於交易或制度費用的約束，所以"帕累托至善點"這回事，引進所有局限，不可能不存在。這是不同意德兄之見了。

最後一個是我。我說當時自己是站在新制度經濟學發展的中心，只我一個是這樣，因為五人中只我一個不斷地聽了阿爾欽的課，而阿師的主要思維只能從他的課獲取。我的貢獻是《佃農理論》與後來在華大發表的一系列文章。

兩項巨大研究的運情

我曾經提及，在華大時我作過兩項龐大的研究，是否有所值只有天曉得。其一是獲得美國科學基金的資助，我和一些助手與學生大手地研究發明專利與商業秘密，其中一個要點是考查專利與秘密的租用合約。我找到門路，花了基金不少錢購買了數百份這些合約，事前可沒有想到發明這回事，技術滿紙，不是專家看不懂！這項研究我們差不多交白卷，可幸我有兩個學生，跟進了這研究，發表了幾篇可觀的文章。我自己發表了一篇關於商業秘密的，而為資助基金寫下的一份長報告，放進了自己的英語論文選，今天久不久見到有被引用。這報告寫得深入，還有機會受到重視。

第二項工程是關於石油工業的，是一件龐大的反托拉斯案的工作。非常有趣，我花了三年時間寫下兩份加起來約三百七十頁的長報告，阿爾欽讀後說是他見過的最可觀的實證研究，認為不能發表非常可惜。今天四十年過去，我可以去信要求當年的聘用我的石油公司讓這兩份報告發表。他們同意的機會應該高，但那些報告是石油專業的學問，外人不容易讀得懂，有興趣的讀者不會多。

風險是小錯卸責是災難

新制度經濟學的發展，上述的華大學派只是其中的一個支流。今天我認為這支流是高於主流，只是文章遠不及主流的那麼多。我認為主流的弄得一團糟，是災難，而這災難的起源是《佃農理論》的第四章，那關於合約選擇的，一九六九年以獨立文章在《法律經濟學報》發表。

在《選擇》一文我走錯了兩着棋，一小一大。小錯是我提出風險規避來解釋佃農分成的採用。這裡的問題是我們不知風險何物。可幸我用農植收成的方差來量度風險，救我一救。大約四十年後在《經濟解釋》中，我改用在議訂合約時雙方不知收成的量，作為選用分成合約的理由。預期的收成量方差愈大，選用佃農合約的機會愈高，而這正是我在《選擇》一文內提供的證據。這是説，以預期收成的方差大小來衡量風險有困難，但用以衡量收成量的或大或小的變數卻是可取的。

第二着錯棋卻是嚴重了。這是《選擇》的第一節提出卸責（shirking）或偷懶這個理念。絕對是驗證的敗筆。跟着阿爾欽與德姆塞茨以卸責為主題，一九七二年發表了一篇大紅大紫的文章，被引用的次數是《美國經濟學報》歷來最多的。我不是説人不會卸責，或不會偷懶，而是這些行為我們無從觀察，所以不能以之推出可以驗證的假説。聽説阿爾欽謝世前幾年也認為他一九七二的大文不好。

廣西的縴夫成了名

災難繼續發生。一九七〇年，我剛到華大不久，多倫多大學的麥克馬納斯（John McManus）到我在西雅圖的家作客。閑談中我對他說了在廣西逃難時的一個小故事。離開柳州逃到桂平那段路程是坐船的。坐着數十人的木船，有縴夫在岸上用繩子拉着行，也有人拿着鞭子在旁監管。我的母親參與那次租船的議價後，對我説：＂五常，你信不信，那位拿着鞭子的人是被鞭的縴夫們僱用的！＂

這個故事傳了開去，從事新制度經濟學的譁然。麥克馬納斯的文章要到一九七五年才發表，因為我嘗試阻止他。但跟着 W. Meckling 與 M. Jensen 一九七六發表的鴻文提到，廣西的縴夫與鞭手於是在新制度經濟學中成了名。有人拿着鞭子監管縴夫是肉眼可見的事實，但我不識字的母親是我平生認識的最聰明的人，喜歡編造故事給我聽。縴夫僱用持鞭子的人可能是真的，也可能是我母親的偉大發明！

在這些喧鬧聲中，威廉姆森（Oliver Williamson）一九七五年出版他的《市場與等級》那本大紅大紫的書，推出機會主義（opportunism）與無數無從觀察的術語。看不到則驗不着，為什麼沒有人嘗試把這些術語無數的假說付諸科學驗證呢？當然，像我當年提出的卸責那樣，我以為自己是驗證過，其實沒有；阿爾欽及德姆塞茨一九七二年的大文提出不少例子，但卸責無從觀察，算不上是真的驗證。我看不到威廉姆森的論著有馬歇爾的影子。不能說他的不是經濟學，而是無從驗證的另一種。

油管與油船的例子

一九七八年，Klein、Crawford、Alchian 三人聯手發表一篇又是大紅大紫的關於公司垂直組合（vertical integration）的文章。該文提出敲竹槓（holdup）之說，也是無從觀察，因而無從驗證。一九七七年我拜讀該文稿時，見到他們提出如下的例子。為了避免被敲竹槓，一間石油公司不會租用輸油管，要自己建造，但會租用運油船。我當時是一家石油公司的顧問，對他們說石油公司租用輸油管是慣例，而大的石油公司一律擁有自己的運油船隊。這些事實是清楚地否決了該文的理論與假說。他們知道我是石油工業的專家，只簡單地取消了油管與油輪的例子，文章的其他內容不變。

卸責、恐嚇、勒索、敲竹槓、機會主義等故事可以說很多，一般可信，但這些無從觀察，不是一個有公理性的實證科學應走的路。跟着博弈理論的捲土重來也滿是有趣的故事，跟我聰明的母親當年可以打個平手。然而，經濟科學的主旨，因為是公理性，需要通過證偽那一關。無從觀察的術語是不能證偽的。

第八章：
推斷與解釋中國

一九七九年的夏天，我收到倫敦經濟事務學社的主編朋友一封短信，說戴卓爾夫人的辦公室要求一個經濟學者回答一個問題：Will China go capitalist？他說一個五百字的答案足夠。問題有趣，該年九月我帶着楊懷康到闊別了二十二年的廣州一行。是從香港坐飛機去的！見到姊姊一家，恍若隔世。

在那三天行程中我認識幾位有等級排列的幹部朋友。我對經濟現象非常敏感。當時的廣州貧窮毋庸細說，但我重視的是幹部的等級排列。我想，人類天生下來就不平等，上蒼之賜使然。要是資產的權利平等，人權一定要不平等才可以有社會的均衡。後者是當時我在廣州見到的情況：以等級界定的物質享受細節明確，跟今天的不同。今天，地區幹部的等級排列是商業機構的排列了。

推斷中國反對者眾

我要到兩年後才驚覺：當年中國幹部的等級排列是為了在資產沒有權利界定的情況下，減少競爭必然會出現的租值消散。一九七九的廣州之行後，我得到的結論清晰：中國需要的經濟改革，要從以等級界定權利轉到以資產界定權利那邊去。當時我肯定這是改革的關鍵，但要用上什麼機制才能轉過去呢？我要到一九八三年初才想到：通過承包的合約轉變！那時我已經出版了 *Will China Go Capitalist?* 那本小書，肯定地推斷中國會改走市場經濟的路。

五百字的要求，一九八一年我寄給倫敦一份厚厚的足以印成一本小書的文稿。該社的老編很高興，要立刻出版，但卻輪到我這邊有困難：讀到該文的朋友一致反對我肯定地推斷中國會改走市場經濟的路。

反對最強烈的是兩個人：一九七九年獲經濟學諾貝爾獎的舒爾茨（T. W. Schultz）與一九九二年才獲諾獎的貝克爾（Gary Becker）。可能因為剛獲諾獎不久，舒爾茨寄來的信老氣橫秋，說經濟學不能推斷經濟改革這種事。此君大名，善行政，但沒有發表過一篇檔次高的經濟學文章，他怎樣說我不管。問題是貝克爾。他是我認識的分析力最強的經濟學者。他欣賞我的創意；我欣賞他的分析力。君子和而不同，奇怪地，貝兄和我永遠不同（一笑）！

當年我推斷中國會改走市場經濟的路，肯定地下筆，是把自己的名字押上去，推錯了黃河之水也洗不清。我這肯定推斷是在承包合約來得明確之前。當時我看到兩項明確的局限轉變，認為轉回頭近於不可能，就把自己的名字押上去了。

局限轉變看得清楚

我不容易說服街上的人——而今天看不容易說服經濟學者——是局限的轉變只要掌握得準確、足夠，有公理性的經濟學的推斷功能跟自然科學的沒有分別。好比一九八四年我見到在珠三角一帶，合同工紛紛取代國家職工，我說中國的經濟改革不會走回頭路。當然又給外人罵個半死。我怎可能錯呢？一個國家職工轉作合同工，只要有市場，不管有沒有借貸，利息率存在，這是費雪的天才之見。跟着的推理是，一個合同工可用他的預期收入，以利率折現而求得自己的身價，即是自己成為一個小資本家。國家要走回頭路，怎會得到那無數的小資本家的同意呢？這跟牛頓說蘋果脫離了樹枝，下跌到一半不會回升到樹枝上去一樣。經濟學的困難是從事者學不到家。

作為一門有公理性的實證科學，解釋人類的行為，經濟學不僅可作事後解釋，也可在事前推斷。一九八一年我說中國會改走市場經濟的路，是事前推斷。然而，這推斷需要掌握有關的局限轉變非常困難。我能成功，是因為當時只有一個關鍵性的利益團體，而兩項重要的局限轉變來得很誇張。我不是僥倖地猜中，而是僥倖地遇到一個我可以肯定地掌握着切要的局限轉變的情況，讓我放膽地把自己的名字押上去。至於中國的改革給人類帶來一個新時代，則是我的另一項回報了。

科斯定律有嚴重的錯

同學們要找機會細讀 *Will China Go Capitalist?* 那本小書。其中我指出"科斯定律"有錯。科斯說如果交易費用是零，市場會怎樣怎樣。我說如果交易費用真的是零，不會有市場！這點科斯同意，阿羅（K. Arrow）也同意，只是當時大家不認為是重要的。後來我愈想愈重要；科斯本人也認為重要。重要在哪裡呢？重要在我們不知道為什麼會有市場！這個問題難倒我很多年，要到二〇〇七年寫《中國的經濟制度》時我才想到答案。

市場為什麼會出現呢？這是大難題，因為專業產出與收入分配不需要通過市場。另一方面，市場的運作牽涉到的交易或制度費用很多：公安、法律、金融、管理等費用，在先進的市場經濟，一般的估計是佔國民收入的百分之七十以上！如果這些費用一律是零，由一隻看得見的手指導生產與分配，沒有市場會節省很多資源。

為什麼會有市場我想了很久。第一個破案的關鍵，是九十年代中期我給交易或制度費用來一個廣義的闡釋：在一人世界不存在的費用一律是交易或制度費用。過了幾年我想到，租值消散是一人世界不存在的，所以這消散是交易或制度費用中的一種。再過幾年，一個難得一遇的漂亮思維出來了：市場的出現，是通過引進法律、公安等多項提升交易費用的法門，來爭取採用市價這個唯一不會導致租值消散的競爭準則，從而減少足以滅絕人類的租值消散！這裡含意着一個非常重要的交易費用替代理論：提升我們日常見到的交易或制度費用，來替代也算是制度費用的租值消散。

從郭伯偉到林山木

一九八一年的夏天，我在美國，楊懷康從香港給我電話，說香港前財政司郭伯偉告訴他，香港大學的經濟講座教授之位將要空出，囑我申請。早上半年，科斯找我，希望我能到香港工作。他認為我是對經濟制度的運作知得最多的人，又懂中文，聽說中國可能開放改革，我應該到那裡解釋一下市場是什麼一回事。從我那裡聽到港大將會有空缺，他促我申請。

我是一九八二年五月到香港任教職的。一九七八年，在香港的一個學術會議上，我認識《信報》的老闆林山木。當時的《信報》跟今天的不同。山木重視學術文章，尤其是經濟學的，不管讀者懂不懂！侯運輝、楊懷康等青年寫什麼凱恩斯、哈耶克、弗里德曼等人的學說，談什麼交易費用，山木一律照登。這大膽嘗試是後來《信報》贏得中環讀者的主要原因吧。

我回港任職後山木當然要求我寫稿。一九八三年十月，他給我在《信報》起了一個名為《張五常論衡》的專欄，每星期要寫兩篇之多。勉為其難，但過了不久我發表了兩篇有趣的文章——《鄧家天下》與《賣桔者言》——讀者熱鬧起來。後來好些人説，這些是經濟學散文的開山之作了。我自己呢？見讀者喜愛，就繼續如此這般地寫下去。在《論衡》我一口氣地寫下後來結集的三本書：《賣桔者言》（一九八四）、《中國的前途》（一九八五）、《再論中國》（一九八七）——解釋經濟制度的運作，希望能協助中國改革選走的路。

一點關心贏得兩篇大文

我不是個改革者。只是年幼時見那麼多的小朋友餓死街頭，而自己後來有機會求學，一發勁，三招兩式就成為學者，認為中國的青年也應該有類似的機會。想當年，北京的朋友很快就知道我是那樣的一個人，在多方面協助，我要求什麼資料他們立刻提供。尤其是《再論中國》，沒有他們的協助寫不出來。有影響嗎？很難説。當時我不敢希望他們依我的去做，只是希望他們讀我的文章。後者，我算是成功了——超出我下筆時的期望！

在學問的進取上我是個非常幸運的人。重要如中國的經濟改革，數世紀難得一見的，純從學術那方面衡量，最重要的兩篇英語文章皆由我寫出來，而且寫得好！其一是一九八一年我準確地推斷中國會改走市場經濟的路。這推斷準確是因為我看到兩

項關鍵性的局限轉變，而且來得誇張。其二是二
〇〇七年我寫《中國的經濟制度》。後者的運情是
中國的經濟制度是佃農分成制。要是我沒有在早上
四十年寫好《佃農理論》，我不可能解通中國改革
後的經濟制度的密碼。因緣際會，在人類的一個歷
史性的轉變中我能寫出兩件關鍵性的作品，可謂不
枉此生！一百年後，寫中國經濟歷史的學者，不會
漠視這兩件作品。

昆山之行看到現象

一九九七年，我到昆山為先父研發出來的拋光
蠟找廠房用地。因為原料的進口成本過高，是不可
能賺錢的小生意，只是母親說父親的發明要保全下
來。那趟昆山之行，我察覺到地區與地區之間競爭
"搶客"，其激烈我以前沒有見過。地區之間有競爭
是老話題，但我見到的激烈程度彷彿是多間商店銷
售同樣物品。怎會是這樣的呢？百思不得其解。我
要到二〇〇三年，得到一位地區幹部朋友的提點，
才恍然而悟：土地的使用權力落在縣的手上！每個
縣的政府是用出售土地的使用權利來引進投資者帶
來的收入。因為多種權利皆界定得清楚，一個縣於
是成為一家商業機構，縣與縣之間的激烈競爭就出

現了。

不是簡單的學問——其實深不可測。是我之幸，因為通過增值稅的安排，縣幹部的收入是佃農分成。增值稅是沒有利潤也要支付，所以是租而不是稅。也幸運的是我早就考查過中國改革初期的層層承包，從而知道縣際出現的競爭是通過層層分成。也不容易，因為從分成的角度看增值稅，這稅率所有地區一樣，是以為難。我要到二○○四年的一個晚上，在半睡半醒中想到馬歇爾曾經寫下的一個註腳，才全部解通縣際競爭這個絕妙制度的密碼。中國當時有兩千八百六十個縣，其競爭搶客的激烈可想而知。

生命短暫上蒼仁慈

做學問要鍥而不捨——這點能耐我是有的。我也有不尋常的殺手本能，即是一個研究項目開了頭，我是見不到成果不罷休。然而，作為一門公理性的實證科學，經濟學既可事後解釋，也可事前推斷，實驗室的存在與操作一定需要。不幸的是，複雜無比的真實世界是經濟學的唯一可靠的實驗室，而此室也，我們無從操控。別無選擇，從事經濟研究的要不斷地到真實世界跑。這是我個人的取向。

　　問題是人的生命短暫，我能活到今天的八十二歲，上蒼的仁慈與醫療的發達都是原因。事實的觀察需要累積，我刻意地等到退休後的六十五歲才動筆寫《經濟解釋》，寫了四次，從起初的三卷到今天的五卷，斷斷續續地寫了十七年。

一夫之勇與好的經濟學

　　《經濟解釋》到處都是假說驗證，從街頭巷尾的觀察到古今中外的史實，都要有掌握。因為頻頻引進交易費用，有趣的定律彷彿信手拈來。《經濟解釋》跟馬歇爾的傳統有兩方面的重要分離。

　　其一是除了需求量（quantity demanded），所有無從觀察的術語或概念我完全不用。需求量是指意圖之量，不是真有其物，但有關的需求定律不可或缺，所以需求量我保存下來。我把不是真有其物的功用（utility）放進廢紙箱內，跟貝克爾等大師是過不去了。貝兄是"功用"大師，而我則認為沒有邊沁（Jeremy Bentham）這個人，經濟學的發展會更好。功用函數這種玩意，作者中了套套邏輯之計不容易知道！同學們不妨參閱一九七二年我發表的《婚姻》與貝兄一九七三年發表的《婚姻》，比較一下。還有，貝兄認為我一九七八年發表《座位票價》一文是解釋錯了，我卻認為是好文章，同學們也要讀該文，作自己的判斷。

其二，為了要讓出很多空間，方便交易或制度費用的引進，我把經濟學的整體簡化為需求定律、成本概念與競爭含意這三個基礎，其他可以完全不用。當然，上述的三個理論基礎要用出很多的變化才可以展示出無限的威力。

科斯謝世前幾年，不斷地要求我把好的經濟學在中國再搞起來。他很不滿意經濟學的發展好些年，但我的不滿比他來得早——約早上二十年吧。要憑一夫之勇把好的經濟學在中國搞起來，當然很誇張，不可信。然而，從近兩三年的發展看，科斯和我的期望可不是白日夢。今天我相信，好的經濟學在中國搞起來的機會不差。這是因為讀我《經濟解釋》的多是商人或幹部。他們讀不是為了考試或名頭，而是認為對他們有用處。

第九章：
一蓑煙雨任平生

（按：二〇一五年十二月一日，我八十歲，科斯在美國創辦的學報 *Man and the Economy* 二〇一六年六月以一整期的文章為我打個招呼，當然是頌讚之辭了。該學報的主編王寧向我提出長達八頁紙的問題，要求我回答，都是關於我的已往典故。我動筆回答了三幾個問題後，認為過於零散，遂決定給他寫這篇不長的學術自傳。他第一個問題是問在中學時，我是不是個丙等學生。原文英語，作者自己翻為中文，順便作些修改。）

說我在中學時是個丙等學生是不對的。我沒有在中學的第一年升過級。後來一九五七到五九年我在多倫多補修過一些中學課程。在該市我遇到一位名叫王子春的人。知道加拿大不會有大學收容我，他協助我申請美國的大學。這樣，一九五九年的秋天我進入了洛杉磯的加州大學，近二十四歲，成為一個超齡的本科生。該校當時對超齡的申請者有格外寬鬆的取錄準則。

引言

　　沒有機會再見到子春是我深深的遺憾。七年前，我有機會見到他的弟弟子輝，知道子春已經謝世了。我欠子春實在多，因為他相信我。他認為雖然我超齡而又沒有大學收容，只要有機會，在學問上我會超越他認識的所有正規成長的學者。

　　我抱歉在洛杉磯、芝加哥與西雅圖那二十三個年頭，很少與了春聯繫。那段時期我忙於讀書與研究，研究與讀書。最後一次跟子春聯繫是一九八二年，我寄給他剛出版的《中國會走向資本主義的道路嗎？》那本小書。他回信說那是一位大師的作品，而如果我的推斷準確，將會名留青史。

在荒野長大

　　童年時，自己有興趣的玩意我一律比其他孩子優勝。但我是不幸的。雖然出生於一個富裕的家庭，剛滿六歲日軍佔領了香港。一九四二年我的母親帶着她的十個兒女中的七個逃難到中國內地去。我們是難民，經歷了三年的饑荒日子。這裡那裡母親把我放進學校，每一兩個月要轉校，哪個課室有空位就把我放進去，是哪一級沒有誰管，也沒有選擇。一九四四至四五那一整年，我沒有機會吃過一碗飯，晚上在廣西的一條貧困的小村落的一間土房的地上睡，日間在田野遊蕩，偷取那些貧苦農民的什麼東西給自己和妹妹吃。

那時，因為營養不足，我的手與腳開始腐爛。一位醫生對我的母親説妹妹和我不會活下來。但母親是個勇敢的人，她決定讓我背着妹妹在荒野覓食。她認為這樣搏一手總要比沒有機會生存優勝。奇蹟地，妹妹和我今天還活着。

在那可怕的歲月中，有兩件事給生命一點意思。其一是在那沒有紙筆的小村落，有一位也是逃難來的曾經是教中國古文的老師。他帶着幾本古文與詩詞的書，晚上我替他找到些枯枝生火，他喜歡藉着火光朗誦。很多個晚上他這樣朗誦，不到一年我記得不少古文與詩詞。後來一九八三年底，開始用中文動筆時，我把古文與白話文合併的風格獲好評。很多中文字我不懂得怎樣寫，因為我的中文是聽回來而不是讀回來的。一個講座教授需要僱用外人修正別字是好些年香港的街坊閑話——這可沒有阻礙中國內地的一些大學老師要求學生閱讀我的中語散文。後來我索性學習中國的書法。雖然五十五歲才開始學，今天我的書法作品在拍賣行出售，收到的錢捐出去。相宜的，但賣得出去。

第二件事是在田野流蕩了一年，我對中國農植的認識掌握到一手的資料。後來在一九六六年的秋天，用中國的農業數據驗證佃農理論的多個假說時，我對那些數據的闡釋顯示着的洞察力與想像力，使老師阿爾欽（Armen Alchian）與芝加哥大學的兩位約翰遜（Harry Johnson 與 Gale Johnson）大聲叫好——後者竟然邀請我在芝大教了一科農業經濟。這些農業數據的闡釋可見於一九六九年在芝大出版的《佃農理論》的第八章。沒有在那廣西的貧困小村饑荒過一年，該章不可能寫出來。

學校的失敗與街上的成功

一九四五到五四年，我讀過三間學校。一間是廣州近郊的佛山華英附小，其他兩間是香港的灣仔書院與皇仁書院。這三間都是有名的老字號，我的表現在三間皆劣等！然而，這三間的每一間都有一位老師不管我的失敗，對我說有朝一日在學問上我會走得很遠。一九八二年回到香港大學作經濟學的講座教授，我找到兩位當年在香港教我的老師——

灣仔書院的郭煒民與皇仁書院的黃應銘——感謝他
們在我求學失敗之際給我的鼓勵。當我在二〇〇五
年找到那位在佛山華英附小的呂老師的所在時，卻
聽到他在二〇〇三年謝世了。我欠着這個人，因為
一九四八年他不給我及格時，對我說將來在某時某
地，我會以思想知名，超越了他認識的所有學者。
在我離開華英之前，呂老師帶我到校園的一個靜寂
的角落，要我跟他一起坐在一塊石板上，向我解
釋，説我讀書失敗是因為我想得過於奇異了。他説
華英附小沒有老師可以教我，包括他自己。但他猜
測將來在某個地方我可能遇到一個可以教我的人。
當時是亂世，共產黨快到廣州，很多人都在逃。我
也如是，一九四八年從廣州回到我出生的香港。我
十二歲。

　　當年我在學校的失敗可能被街頭巷尾的成功抵
銷了。十一歲我是廣州的中國跳棋冠軍；十五歲，
為了要賺點零用錢，我可以閉目跟三位下象棋的人
一起對弈三局。一九五二年我教一位比我年輕三歲
的沒有學校收容的孩子乒乓球，這個徒弟一九五九
年在匈牙利獲得世界乒乓球的男子單打冠軍。在香
港我以釣技雄霸筲箕灣海域，以彈珠子與擲毫雄霸
西灣河的沙地，以放風箏雄霸天臺，而奧背龍村的

山頭飛鳥都給我捉光了。一九五五年，十九歲，我
拿起一部攝影機，第一天嘗試就攝得兩幀作品入選
香港沙龍，而且兩幀皆刊登在該年的國際攝影年鑑
上。只在學校我失敗。但因為有街上的多項成功，
我不認為自己是個失敗者，很想知道需要做些什麼
才能東山再起。

父親的鼓勵

我的父親只有機會讀過兩年書。憑自修他的
中、英二文都寫得漂亮。他不愛說話，有自己執着
的原則，是香港工業發展初期的一個有成就的商
人。父親謝世後，香港的電鍍行業把他的誕辰稱為
師傅誕。作為一個大家庭的父親，他很少在我童年
成長時跟我說話。他一九五四年謝世，我被逐出校
門的那一年。我十八歲。

父親謝世前兩個月，召喚我到他入住的醫院的
房間去看他。那是第一次父親與兒子的認真談話
了。只有他和我兩個人。他說歷來知道我在學校的
成績差，因為生意忙碌，他抽不出時間教導我，表
示歉意。他說曾經放棄了我這個幼子，認為沒有希
望，但他是改變了這想法。他說一年來他邀請了知
道我的人去見他，問了很多關於我日常做些什麼，

得到的觀點是我是他平生知道的最有前途的青年。

最後父親說："在學校讀書不成不代表事業的終結。醫生們說我只有幾個月的生命。我離開後你要到我的商店工作、學習，等待另一個機會再去爭取學問。你要記住，我平生最敬重的是一個有學問的人。"

三年後這另一個機會出現了。我為父親遺留下來的生意，花了二十多天的旅程到加拿大多倫多去，為的是要跟該市的一位鎳條出口商討論鎳條進口香港的問題。因為美國的壓力，當時鎳條不能運到香港。兩天後我想出解決的辦法，多倫多的出口商接受。但那時，我決定不回香港，默許地放棄了父親的生意我應分得的權利，換取每月一百加元的生活費資助。在多倫多我求學無門，在掙扎。一年後我遇到王子春。當時二十二歲。

在學校為何失敗

今天，作為一個老人，回顧已往，我不難解釋為什麼早年我在學校失敗。兩個原因是明顯的。其一是在戰亂逃難期間，我慣於在荒野流蕩，而戰後我繼續這樣做。我喜歡逃課，獨自在田野間漫遊，或在海旁靜坐，或垂釣，或遐思，或什麼也不幹。

當其他孩子放學時，街上的遊戲又熱鬧起來了。第二個原因，是當年我在課室上提出問題，老師往往給我處罰，認為我問的與老師教的不相干。大多數的老師對我仇視。這跟後來我在美國求學時的際遇不同。一九六二年的秋天的一個晚上，第一次旁聽赫舒拉發（Jack Hirshleifer）的課，我提出一個看來是與教的不相干的問題，赫師立刻站起來，問我的名字。當在學生名單上找不到（因為我是旁聽生），他細心地寫下，問清楚"張"字的拼法。他跟着奔走相告，對同事說他見到一位想得奇異的來自中國的學生。

從阿倫到阿爾欽

在洛杉磯加大讀本科，起初我選主修商科。過了不久我認為會計很沉悶。另一方面，教經濟第一科的阿倫（William Allen）教得精彩，我就改選經濟作為主修課程了。二十四歲，比同級的同學我超齡很多，知道自己是到了要拼搏的時候。我合共選修了五、六科阿倫教的。教經濟史的史高維爾（Warren Scoville）鼓勵我考慮進入研究院。他沒有王子春對我的本領估計得那麼誇張，但幾次他要我聽清楚：如果我嘗試讀博士我會走得很遠。

　　若干年後，西雅圖一位同事對我說史高維爾不是阿爾欽的親密朋友，但史老師對我說如果我進入研究院我要追隨阿爾欽。他說阿爾欽是世界上最優越的幾個經濟學者中的一個。因此，一九六一年本科畢業時我的研究院選擇只是洛杉磯加大，不作他想。阿爾欽當時造訪斯坦福，我要等他回校。本來我打算獲取碩士後回到香港去，但一九六二年獲碩士後阿爾欽還要多一年才回校。我因而決定改讀博士，而在等待阿師回校的那一年中，我多作旁聽、閱讀、思考。多了一年的等待與準備，而所有修過的高級課程皆名列前茅，到阿師回校時我的準備是足夠的。

研究院的老師

　　碩士那一年，教我理論的老師是鮑特文（Robert Baldwin）。他教馬歇爾（Alfred Marshall）、魯賓遜夫人（Mrs. John Robinson）、希克斯（John Hicks）與薩繆爾森（Paul Samuelson）的作品。鮑特文說我是他教過的最好學生。等待阿爾欽，我旁聽赫舒拉發的課。赫師教費雪（Irving Fisher）與弗里德曼（Milton Friedman）。我重複赫師的課六個學期。在他的課我成為一個明星學生，因為赫師喜歡要求我提問或回答。這樣，他的課有時成為他和我兩個人的對話。赫師沒有對我說過我是他教過的最好學生，雖然他對他人這樣說。後來在寄往西雅圖給諾斯（Douglass North）的一封信中，赫師把我與費雪相比！

我要特別說一下當時加大研究院的另一位老師布魯納（Karl Brunner）。布老師初時不喜歡我，但後來改變了，寄到西雅圖給我一封大讚我的文章的信。布老師是我知道的對邏輯要求最強烈的經濟學者。雖然在洛杉磯加大時我認為他的邏輯要求是過於誇張，後來自己的發展使我愈來愈欣賞布魯納的邏輯思考與要求。我遺憾自己一九六六年寫佃農作為博士論文時，布老師已經離開了加大。

我不同意布老師的思考方法，從思考的起點就堅持要通過嚴謹邏輯那一關。我喜歡先讓預感或直覺走一程，讓某些假說浮現出來。當然，進入了分析與辯證時，嚴格的邏輯一定要引進。解釋一個現象我喜歡考慮幾個不同的假說，讓思想自由浮動，然後選擇一兩個假說作嚴格的分析。我的作品展示着的嚴謹邏輯是源於布老師的影響。

沒有誰鼓勵我學數

在洛杉磯加大我沒有修過一科數學或統計學。我是該校最後一個沒有選修過微積分而獲得經濟學博士的人。作本科生時，我問阿倫老師，數學與歷史之間，我應該選哪方作為副科，他建議歷史。今天回顧，那是上佳的建議，可見於我後來的經濟學作品一律有着豐富的事實內容。在研究院沒有老師要求我學數，而我自己覺得有需要時我可以容易學。得到朋友的協助，我花了兩個星期自修微積分，用以證明佃農理論的幾個要點。但引進數學之前我知道該理論是對的，用上的方程式只是為了粉飾櫥窗。博士後有一段時期我發明自己的數學，想着既然牛頓可以發明數學我也可以。但到了西雅圖同事西爾伯貝（Eugene Silberberg）說我的方程式雖然對，很難看，我就不再發明了。同事麥基（John McGee）與巴澤爾（Yoram Barzel）更不鼓勵我學數。他們認為既然我可以憑想像與直覺推理，用數可能壓制着一個想得奇異的有趣腦子。哈里·約翰遜讀了我的《佃農理論》的第八章後，懷疑統計學的回歸分析究竟有沒有用途。另一方面，一九七七年我為一家石油公司作顧問時，要用回歸統計來分析原油的質量與油價的釐定，巴澤爾給我上了兩課，畢業了。巴兄後來幾次對人說他沒有見過另一個人可以學得那麼多那麼快。

阿爾欽與赫舒拉發的入室弟子

回頭說阿爾欽，他教的經濟學全部是他自己的，沒有其他！當時我已經選修過所有研究院的理論課程，只能旁聽阿爾欽。一九六三年起我也旁聽了他六個學期。課堂上，阿師有兩個規定：其一是旁聽生不能坐在前面的第一排，其二是旁聽生不能在課堂上提問。我因而選擇一個靠近室門的座位。下課時，我跟着阿師離開課室，在步行到他的辦公室的五分鐘時間向他提問。初時他會反問我有沒有讀過某些有關的讀物，我答沒有，他不再說。為此我先作準備，到圖書館細讀跟我要提問的有關資料。阿師於是回答了，永遠是那麼有趣，那麼刺激。這樣過了幾個月，阿師邀請我走進他的辦公室，約一年後他讓我坐下來跟他研討經濟。

一九六六年的春夏之交，在長灘，我寫好了佃農理論的第一長章，把文稿寄到加大給赫舒拉發與阿爾欽，然後駕車從長灘到洛杉磯加大問意見。我先見赫舒拉發，他把該章捧到天上去。跟着見阿爾欽，他交回給我的文稿滿是問號與修改，離別時我差不多流下淚來。

回到長灘的家，晚飯後我坐下來，細讀阿爾欽在文稿上的每一項質疑，到我全部消化時，看手錶，已是過了一夜的上午十一時了。我於是給阿師一封短信，答應下一稿將會有大改進。一個月後，我寄出了第二稿。過了幾天再到加大。先見赫師，他說："天才，史提芬，天才！"跟着見阿師，他只是說："將來你找工作要我寫推薦信時，我會說你可以想得清晰也寫得清晰。"

當我交出《佃農》最後驗證的第八章時，阿師要我聯絡台灣的有關當局，問清楚他們搜集農業資料的方法。當所有我引用的資料獲得阿師認可時，他只是說："我們一向知道你是可造之材，所以多給你壓力，現在你明白好的研究是怎麼樣的一回事。"我重視現象細節的習慣是源於這經歷的。

阿爾欽有小孩子的好奇心，提問像小孩子那麼簡單、直接。這是為什麼一九七六年的一次為祝賀阿師的會議中，我交出的文章以一個小孩子會問的為題：《優座票價為何偏低了？》。該會議休息時，我跟阿師的深交梅克林（William Meckling）一起喝咖啡。他對我說："史提芬，千萬不要改變你選擇題材的品味與分析的風格。你的品味那麼有趣，

109

只有阿爾欽才可以教出這樣的一個學生。"

長灘與德沃拉克

一九六五是我知道的最容易找經濟學教職的一年。該年初我還沒有動筆寫博士論文，就收到阿拉斯加、英國與澳洲三個地方的三間大學的聘用合約。我沒有給他們求職信，而他們沒有問我的讀書成績，沒有見過我這個人，就寄聘書來了。該年的秋天我選到長灘的加州州立大學作助理教授，主要是因為該校離洛杉磯加大只一個小時車程，讓我容易地跟阿爾欽及赫舒拉發討論寫博士論文。在長灘，我的大幸是跟德沃拉克（Eldon Dvorak）共用一個辦公室。他是那位後來把美國西部經濟學會搞得龐大的人。到了長灘幾個月，德沃拉克就對同事們說，有朝一日，長灘大學會因為我在那裡教過而知名。當然是誇張之言，但對我沒有不利之處。一九六六年德兄和一些長灘的學生聯手，推舉我獲得加州十八間州立大學的最佳經濟學教師獎。對我有助，因為一個中國人在西方找教職，英語說得夠不夠好是問題，而該獎顯示我說的英語學生聽得懂。

在長灘每星期教十二課是頻密班次，德兄的職位高，維護着我，讓我先選授課的時間。一九六六年的初春，我從某刊物讀到台灣一九四九年引進的土地改革，把地主的分成率減到遠低於原來的，農業的產量因而大升了。聽來不成理，我於是走進圖書館，看看有什麼資料可以支持或否決台灣政府的說法。

該校的圖書館剛好有一整套《台灣農業年鑑》，其中有非常詳盡的關於台灣每個地區的每項農植的每年的每畝產量。我起初以為是台灣的政治宣傳，要示範他們的土地改革成功。但經過幾個星期的仔細審查，我找不到假造數字的證據：在分成租管下，台灣的農業產量的確是跳升了。我想，那麼詳盡的數字，很難說謊話而又不讓我找到矛盾的。

一九六六年三月的一個晚上，我坐下來，在白紙上首先推出自由市場的佃農分成率，然後引進政府的分成率管制。讓我驚奇是政府這樣管農業的產量竟然上升了。只一個晚上我推出這理論，再花兩天的時間反復審核該理論的每一點，找不到錯處。我於是邀德沃拉克坐下來，要求他細心聽我推出來的分析。我解釋得很慢，一步一步，每一步都停下來，等到他明白而又同意才繼續。過程中他提出很多問題，我會說："慢一點吧，德兄，慢一點。"每一小變我要求他清楚地明白。三個小時後，他說：
"史提芬，你這個理論將會引起地震。"

那是一個簡單的理論，近於淺顯，但不容易接
受。一九六六年五月我在洛杉磯加大的一個研討會
上解釋該理論，在座的數十位教授與研究生一律不
同意。一九六八年十月，該理論的第一篇文章在芝
大的《政治經濟學報》排在首位刊出，不少讀者提
出異議。當時該學報的主編是蒙代爾（Robert
Mundell）。他問我要不要回應，我說不要。

我會永遠開心地記着德沃拉克。一九六七年的
春天，他替我在大學申請得五百美元的經費，在長
灘的藝術博物館舉辦攝影個展。因為經費不足，他
親自在家中的車房替我的攝影作品造畫框。後來該
個展成為長灘藝術博物館歷來最成功的展出，當地
的報章以頭條報導，不少參觀者從遠方來，而展期
延長兩次。

我與科斯的交往

一九六二年，我影印了科斯（Ronald Coase）
一九六○年發表的關於社會成本的文章，天天帶
着，一遍一遍地讀，讀到紙張成為碎片。這是因為
我不明白當時興起的外部性話題。是熱門的，奇怪

當時我沒有跟阿爾欽研討，更奇怪是一九六七年我發覺科斯從來沒有聽過"外部性"這一詞。洛杉磯加大的教授都說他們知道外部性是什麼，但沒有誰可以回答得我滿意。因為不知外部性為何物，一九七〇年我發表《合約的結構》，一九七三年發表《蜜蜂的神話》，一九七八年發表《公損之謎》。這些作品今天在好些研究院的讀物表出現。

我對科斯一九六〇年的鴻文的深入理解觸發了一個有傳奇性的友情，很大機會在中國將來的經濟歷史有記載。始於一九六七年的秋天，我走進科斯在芝加哥大學法律學院的辦公室，介紹自己，說："科斯教授，我的名字是史提芬・張，阿爾欽的學生，曾經花了幾年時間讀你的《社會成本》。"他坐着，在閱讀，抬起頭來，問："我那篇文章是說什麼呢？"我答："你是說促成合約的局限條件。"他站起來，說："終於有人明白我了。我們一起去進午餐吧。"

可喜的分配與科斯的錯失

能夠與科斯在芝加哥大學的校園一起漫步，研討經濟，是我平生追求學問的一個亮點。大家討論經濟學的將來，我說他一九六〇年的文章會改變經濟學。半個世紀過去，如果同學們不怕麻煩，在中國的網頁搜查，會發現我被譽為合約經濟學的始創人，科斯始創交易費用，而阿爾欽始創產權經濟學。我對自己分得的滿意，但樂意跟科斯交換。至於阿爾欽的產權思維，我認為不容易推出可以驗證的假說，所以愈來愈少用。然而，阿師在價格與競爭這些話題上的洞察力，是那麼漂亮、有趣，我是愈來愈多用了。選擇一個靠近課室門口的座位給我很大的回報。

一九八一年我動筆寫中國的去向時，無意間一腳踏中一個重要的發現：科斯一九六〇年的鴻文有一處大錯。那是如果交易費用是零（科斯定律的假設）不會有市場！後來科斯與阿羅（Kenneth Arrow）都同意這一點。然而，我要到約二十年後才意識到這發現非常重要。我是把租值消散算進交易費用之內才知道的。但我還要多等幾年，才推出一個漂亮的"交易費用替代定律"：市場的出現是源於一種交易費用（市場運作的費用）替代另一種（租值消散）。

芝加哥學派

科斯在為我的英語論文結集寫的一個序言中，

提到我在芝加哥時吸收了八位大師的思想，包括他自己的，加以伸延，佔為己有。那是芝加哥學派的頂峰時期，有一組經濟學人才的組合超越了歷史上的任何一組。我可以大膽地推斷這樣的一組人才是永遠不會再出現了。

但這芝加哥學派當時正在下降的邊沿。宇澤弘文（Hirofumi Uzawa）跟我同年（一九六九）離開芝大。蒙代爾一兩年後離開。跟着弗里德曼與戴維德（Aaron Director）退休。哈伯格（Arnold Harberger）轉到洛杉磯加大，格里利克斯（Zvi Griliches）轉到哈佛。哈里•約翰遜在芝大的時間不多。雖然後來替代的大師都了不起，但弗里德曼、戴維德、哈伯格這幾位的離開代表着一個思想範疇的終結。一個經典的思想組合是在那時破碎了。要建立一個有歷史意義的學派，把一組天才放在一起有其必要，但不足夠。當哈伯格勸我留在芝大時，他指出一九六七至六九期間芝大的經濟系的學者陣容從來沒有被超越，也恐怕永遠不會再出現。

在芝加哥，我是一個被一群巨人包圍着的小人物。跟一個非常好的同事麥克洛斯基（Donald McCloskey）共用一個辦公室，他教我怎樣寫好英文。我崇拜施蒂格勒（George Stigler）的英語文采，要仿傚他的。施兄是天才人物，屬於商學院那邊。我喜歡到他的辦公室給他嘲弄一下。有一次，施兄走進我的辦公室，說（麥克洛斯基在旁聽着）："史提芬，我擁有一個偉大經濟學者需要的所有條件，只是沒有創意！"我回答："施兄，我這個人滿是創意，但其他什麼也沒有！"他知道我仰慕他。為了要他知道我也有處理經濟思想史的本領，我寫了一長章細說佃農理論發展的思想史，詳細地從斯密跟蹤到約翰遜。施兄讀了該章的文稿後，我得意洋洋地去找他，對他說經濟思想史要像我那樣處理才對。他知道我勝了他一着，說："但你說馬歇爾明白成本的概念是錯的。馬歇爾不懂成本。"他跟着到書架上拿下馬氏的巨著，翻開一頁，指出其中一句顯示馬氏不懂成本。是的，施蒂格勒不僅是個天才，他是我有幸認識的幾個超凡學者中的一個。

弗里德曼

雖然弗里德曼後來成為我的深交（他與太太羅絲飛到西雅圖主持我的婚禮），在芝大時，因為太忙他沒有給我多少他的時間。弗里德曼教我一個經濟學者的靈魂之價應該是高的，所以不要説自己不相信的話。阿爾欽給我在地上劃了一條線，約束着一個經濟學者應有的界限：可以提出政策建議，但不要跨越該線去從事政策活動。我為自己能在整個追求學問的過程中，沒有一次違反過弗里德曼與阿爾欽在這些方面的指導，感到驕傲。

我也應該提到在多倫多時，我作過幾個月的燈光人像攝影師，有職業水平的。在洛杉磯加大作研究生時，有一組在加州南部喜歡搞藝術攝影的拜我為師，發展出一個新的有趣風格。一九八八年的秋天，在香港，我為弗里德曼攝了一幀燈光人像。他非常喜愛，立刻説他永遠不會給媒體另一幀他自己的照片。言而有信，我給他攝的今天隨處可見。我也給他的太太羅絲（Rose）攝了一幀，他和她一起攝了一幀。有網頁擴散着這些攝像，弗老夫婦和我的友情將會傳進將來的歷史去。當然，歷史也可能記錄着一九八八年我帶弗老與羅絲到北京會見一位總書記，一九九三年再帶他們到北京會見另一位總書記，但從歷久傳世這方面衡量，這些跟總書記的會面比不上我的攝影與一對傳奇的夫婦。

奈特與戴維德

一九六八年，在蒙代爾家中的酒會，我有機會見到奈特（Frank Knight），立刻向他表達自己的仰慕之情，也對他說他一九二四年發表的關於社會成本的文章，深深地影響了我。我不明白為什麼瑞典的諾貝爾委員不給他那個獎——該獎在經濟學推出後奈特還有幾年才謝世。我自己有一項很大的榮譽。那是在《維基百科》的"奈特"那一項，說奈特影響了五個經濟學者，弗里德曼、布坎南（James Buchanan）、科斯、施蒂格勒、張五常。

除了科斯，芝大的法律學院還有戴維德。戴老對真理的堅持使我見而生畏。他的智慧簡直有摧毀力。一九六九年的春天，我在施蒂格勒的工作室提供《合約選擇》的文稿作討論。過了一天，我在芝大的教師餐廳獨自吃午餐。見戴老慢步走來，我立刻禮貌地站起。戴老說："你昨天的文章是我幾年來讀到最好的。"然後他轉身離開。我獨自站着，禁不住流下淚來。戴老喜歡我的作品。這是為什麼我的經濟學文章的風格與特性歷久不變的一個主要原因。

在洛杉磯加大作研究生時，我對戴維德的捆綁銷售的口述傳統知得很熟。事實上，是捆綁銷售的知識使我在一個晚上把佃農理論推出來。起碼有三本書說我的佃農理論是科斯定律的伸延，可能對，但真正觸發了該理論的破案關鍵，是捆綁銷售。

回頭說那天晚上在長灘，使我感到困惑的是傳統的市場分析必定有一個量與一個價，但分成合約卻沒有價。我因而想到那分成合約必定有其他條件的指定才能運作。這是說，分成合約一定有一個結構。捆綁銷售的合約明顯地有一個結構。這樣推理，我需要做的只是在分成合約中多加一個條件，立刻找到在均衡點上分成合約跟固定租金合約與工資合約相同。

好些年後我在西雅圖巴澤爾的家跟戴老進晚膳，膳後他問我怎樣看他提出的關於捆綁銷售的假說。我回應說把紙卡捆綁着電腦的租用，闡釋為以紙卡的用量來量度電腦使用的頻密度，是天才之見，但跟着說是為了推行價格分歧卻是錯的。電腦的月租所有用戶一樣，紙卡之價也一樣，何來價格分歧呢？如果價格分歧是從其他沒有訂價的特質算出來，那麼所有我們在市場購買的物品也可算出價格分歧了。我當時也對他說，傳統的以需求彈性係數不同來解釋價格分歧的理論，全部是廢物。

戴老跟着問為什麼萬國商業機器會用紙卡捆綁

着電腦的租用，我説那應該是電腦的保用合約。把紙卡之價調校為略高於市價，電腦用得較為頻密的租戶是交了較高的保養費，而維修保養的本身卻是免費的。

離開芝大到西雅圖

當一九六九年的春天我正式找學術教職時，我已經獲得八位大師的友情與指導。在洛杉磯加大我有阿爾欽、布魯納、赫舒拉發與鮑特文；在芝加哥我有弗里德曼、施蒂格勒、科斯與戴維德。沒有任何學生，不管是何時，不管是何地，曾經有這樣的幸運際遇。難怪巴澤爾一九九五年在一本書中提到："當史提芬一九六九年來到西雅圖時，以我今天之見，他已經是行內的產權及交易費用的第一把手了。"

科斯與一些朋友對我離開芝大感到困惑，而我不能説自己毫不惋惜。説芝大鄰近的居住環境不好是對的，而西雅圖有一個美麗的海。然而，我對研究工作是那麼熱衷地投入，這些不可能是我離開芝大的真理由。經過多年的回顧我終於明白，我離開芝大是要多些獨自思考的時間。芝大的工作室、外來的演講與文稿的評審實在過於頻密，而我喜歡的獨自思考是不要受到外人的影響。當然，每有新意我喜歡找同事研討，但思想時我要獨自魂遊。也是一九六九年，我決定不再讀他家的作品，想着一個人有閱讀的時候也有思想的時候，而思想時最好不讀。每有新意，我會求教同事這新意有沒有前人說過，很少遇到我自己想出來的不是原創。只有一次，當我寫好一篇關於人與人之間互動的文稿，一位同事說其中的一個要點布坎南與斯塔布爾賓（William Stubblebine）已經說過了。

西雅圖十三年

一九六九年抵達西雅圖，我遇到巴澤爾這個重要的同事。巴兄有一個奇妙的腦子，可以在一個論證中找出最微小的錯失。當我想出一些新觀點，例行地找他討論，如果他不反對我知道自己是想得堅固了。在二〇一五年寫諾斯的悼文中，我表達了感激諾斯之辭，因為他維護我。那是不發表文章就要消失的時期，但諾斯與院長貝克曼（George Beckman）分別對我說該發表規則與我無干。我要做的只是自己的事，而正教授這個級別我到了華大幾個月他們無端端地給了我。當年我在西雅圖發表的一系列文章，今天一律成為經典。

在西雅圖我們有一組好同事與一些超凡的學生。我有兩位博士生，昂伯克（John Umbeck）與荷爾（Christopher Hall），天賦甚高。可惜我不是個可取的論文導師，因為讀他人的論文我的腦子老是流浪到很遠的地方，如果一個寫論文的跟着我的腦子流浪，他的論文會永遠寫不完。還有，在判斷上我作了一項嚴重的錯失，以為那麼容易就找到一個昂伯克與一個荷爾（是的，荷爾因為成績欠佳已經離校，我力排眾議，求他回來，然後要求同事們把他作為明星看），我以為還有很多像他們的會出現。後來證實我是妄想，像昂伯克與荷爾那麼獨特的學生我之後再沒有遇上。

需要特別一提的是我一九七四年發表的《價格管制理論》。不少人說那是我發表過的最重要文章，我自己可不那樣看。然而，每頁算，該文是我寫得最辛苦的。其實文稿我沒有完成，只是遺棄了。當時科斯為他主編的《法律經濟學報》催稿。今天回顧，我應該接受哈里・約翰遜的建議，把該文毀掉，然後由第一頁從頭再寫。但當時我確是耗盡氣力了。

這篇創新文章不是源於科斯的啟發——有些人這樣看——而是源於香港出現的天臺木屋這個怪現

象。當年香港二戰前的樓宇，在二戰後被管制着的租金只有市值的十分之一。那十分之九是無主租值，理應消散。然而，這應該消散的租值好一部分被租客的分租與天臺木屋的僭建挽救了。減少租值消散的行為是爭取利益極大化的結果，有多種方法業主與租客可以嘗試，是在哪些局限下我們可以推斷分租與天臺僭建這些行為的出現呢？我的價管文章提出兩個定理，讓我們推斷哪些減低租值消散的行為會出現。

巴澤爾在不久前提到，我在西雅圖那段日子是他和我的學術作品產出最豐盛的時期。在我這邊，用英文發表的無疑對。一九八二年回到香港任教職後，我的中語文章繼續邁進，直到二〇一四年底，而二〇一六年又把這重近兩公斤的《經濟解釋》再修了。懂經濟學而又懂中英二語的朋友認為，我以中文下筆的學術貢獻跟英文的貢獻是三與一之比。

在西雅圖十三年，要不是有兩項巨大的研究項目左右着，我的英語文章會多很多。第一項是研究發明專利與商業秘密的租用合約，得到可觀的研究金資助。可惜過於困難。我購得數百份租用專利與商業秘密的合約，但助手和我讀不懂內裡說的科技是些什麼，而請專人解釋的成本是太高了。第二項

是巨大的石油工業的研究，屬反托拉斯的顧問工
作。得到的資料絕對頂級，而我寫下的兩份厚厚的
研究報告，關於石油的價格釐定與換油的合約安
排，阿爾欽讀後說是他見過的最精彩的實證研究，
可惜因為顧問合約的規定，皆不能發表。

華盛頓學派

一九九〇年，諾斯在一本書中提到有一個處理
交易費用的華盛頓大學路向，而我是該路向的始創
人。可能因為這個說法，九十年代後期我聽到有一
個"華盛頓學派"，或"華盛頓新制度經濟學派"。
蕭滿章說該學派的獨特處是注意件工合約；巴澤爾
會說主要是產權的分析；而諾斯會說是交易費用。

我怎樣看呢？要是真的有一個華盛頓學派，我
認為其獨特之處應該是對租值消散的重視。租值消
散這個理念始於十九世紀的范杜能（von
Thünen），一九二〇年庇古（Arthur Pigou）以兩
條公路示範，奈特一九二四年毀滅了庇古之說，戈
登（H. S. Gordon）一九五四年引用於公海漁業。
"租值消散"（dissipation of rent）一詞是戈登首先
提出的。

當一九六九年的春天我再讀戈登的經典之作

時，發覺他說的均衡點言不成理。我因而寫了一篇關於合約結構與非私產理論的文章，提供一個正確的租值消散的均衡分析。那是在我轉到西雅圖之前。在西雅圖，租值消散的繼續發展有如下幾項：（一）在非私產或公共財產的局限下，有不少情況租值不會完全消散。因此，在某些情況下非私產有其可取處；（二）如果市價不用作競爭準則，其他準則某程度必會導致租值消散；（三）減少租值消散是個人爭取利益極大化的含意，所以分析政府管制帶來的效果應該從這途徑入手。我後來以此解釋中國昔日的等級排列權利是為了減低租值消散。離開西雅圖後我想到（四）：交易費用一定要包括所有一人世界不存在的費用。租值消散不會在一人世界出現，所以租值消散是交易費用的一種。大約再過二十年我想到（五）：市場的出現是源於市場的交易費用替代沒有市場必會出現的租值消散——這就是我曾經提出的交易費用替代定律。最後，記不起是何時看到的一個重點，（六）：如果在一個分析的均衡點有應該消散的租值，但沒有消散，該分析一定錯。

據我所知，沒有其他大學或學術組合對租值消散的分析有濃厚的興趣，但當年在西雅圖華大，我和巴澤爾及其他同事是慣性地討論。華大的經濟系當年還有其他不尋常的取向,例如同事之間喜歡驗證假說,漠視功用分析等,而租值消散這個話題更是當年的華大獨有。

到香港觀察中國

離開西雅圖轉到香港大學作經濟學講座教授的決定,比離開芝加哥轉到西雅圖的決定更困難。科斯鼓勵我去,但諾斯認為留在美國我有機會獲諾貝爾經濟學獎。然而,受到阿爾欽與戴維德的影響,我追求的是真理,不是名頭,何況經濟學的諾獎很有點虛無縹緲,難以捉摸。我的母親年老了,要多看她;我歷來對炎黃子孫關心。在這些之上,一九八一年我寫好一九八二年出版的小書,肯定地推斷了中國會改走市場經濟的路。弗里德曼、貝克爾(Gary Becker)、舒爾茨(Theodore Schultz)等朋友皆認為我發神經,不可能對。我因而要到香港,近距離觀察中國的去向。

一九八二年五月我抵達香港,很快就知道我要放棄用英文寫作了。我當時沒有用中文寫過文章。作了一點準備後,一九八三年十一月動工,很快就出版了三本書:《賣桔者言》(一九八四)、《中國的前途》（一九八五）、《再論中國》（一九八七）。我下筆甚重，但善意明確。北京不僅不介意我的批評，他們提供助手協助。我要求什麼資料他們立刻老實地提供。讓我高興的是他們盜版，《中國的前途》與《再論中國》他們每本複印二千，內裡註明"內部閱讀"。在二〇〇八年出版的為科斯寫的《中國的經濟制度》中，我回顧了上世紀八十年代的大事：

沒有更好的時間，沒有更好的地方，也許沒有比我這個寫手更好的推銷員，在八十年代的中國推廣科斯的思想。那時，國內的意識大門逐漸打開：同志們知道他們歷來相信的不管用，要找新的去處。一九八二年五月，我獲任香港大學的經濟講座教授，那是當時跟進中國發展的最佳位置。我對科斯的論著了然於胸，而眾人皆知他是我的好朋友。我是個中國文化與歷史專家，同志們不能對我說我不懂中國──他們對外人例必這樣說。我可以用中文動筆，沒多久就寫出讀者認為通俗、風格鮮明的文字。這一切之上是科斯的原創思想，當時容易推銷。如果當時的中國像今天那樣，我是不會那麼幸運的。

首先是交易費用的思維。中國人在早前的制度中非常熟識那無數的瑣碎麻煩，例如要背誦口號，要排隊輪購，要搞關係，要走後門。他們每天要花幾個小時做這些事。當我說如果這些費用減低，收入會飆升，就是最頑固的舊制度維護者也難以應對。當時的交易費用奇高，怪事天天有，這些大家都清楚，但我需要時間與多篇文章才能說服中國的朋友，如果制度不改，交易費用不會下降。這方面，應歸功於我。

要改為哪種制度呢？不容易說服。我一九七九的文章指出的觀點：市場價格是唯一不會導致租值消散的競爭準則，那些慣於排隊數小時的人不難明白。然而，當我指出市價只能用於私有產權的制度，同志們不易接受。私字當頭，在中國的文化傳統裡沒有半點值得尊敬的含意，而私有產權更是直接地違反了北京對社會主義或共產主義的執着。

在這重要關鍵上，科斯的資產權利需要清楚界定這個思想大顯神功。作為當時的經濟科學推銷員，我知道同樣的產品有了個新的包裝。一九八八年的秋天我帶弗里德曼夫婦會見當時的中共中央總書記時，趙先生急於向弗老解釋資產權利界定的重要。這對話有存案，在好幾個地方發表過。成功地推銷科斯的經濟觀給總書記也應歸功於我。

128

終於寫出巨著

今天算，我用中文寫下約一千五百篇文章，其中不少結集在約二十本書中。散文隨筆與經濟分析約一半一半吧。二〇〇〇年我從香港大學退休，以中文動筆寫一部巨著：《經濟解釋》。加上今天應該是最後的修改，這項巨大工程歷時十六年，從三卷變為四卷再變為五卷了。有兩個觀察促使我這樣做。其一是四十多年前的舊作今天不少在西方的研究院的讀物表出現；其二是一九六九年在芝大出版的《佃農理論》那本小書，當時只賣幾塊美元的，今天沒有用過的在網上叫價二千美元，用過的也叫八百美元。自己爭取了那麼久的思想傳世，這幾年開始體現，所以我要把這本《經濟解釋》從頭再修一次。

人就是為了要追求些什麼而活下去。追求思想傳世可能是無聊之舉，但比不上追求其他的更無聊吧。蘇子云："泥上偶然留指爪，鴻飛那復計東西！"當年開始認真地讀書時，我在想，要是有朝一日我能碰到一點運氣，在思想創作上留下一些指爪，不管外人怎樣看，是給自己作了一個交代。

寫《經濟解釋》的意圖始於一九六九。當年到香港度假，發覺自己不能解釋無數的瑣碎市場現象。我想，師友同事已經舉我為一個頂級的價格理論專家，怎會那麼不成氣候了？一個物理學的本科生不會有這樣的尷尬。從寫《佃農理論》的經驗我知道經濟學可以解釋或推斷人類行為帶來的現象。明顯地，經濟學的整體需要徹底地大修。

在西雅圖，諾斯、麥基、巴澤爾等同事也一致認為需要徹底大修。他們都指着我為處理這項巨大工程的適當人選。想不到，從一九七〇年起，這工程會持續到今天。我曾經說過，可以解釋人類行為的經濟學只有幾個要點。驗證假說要重視可以觀察到的事實；理論要簡單才能處理複雜的世事，也才能把交易費用放進去；解釋任何現象我們要考查跟該現象有關的細節。

在《經濟解釋》中，我分析的現象皆從真實的世界獲取，假說的驗證到處都是。傳統分析的價格分歧、捆綁銷售、全線逼銷、傾銷、財富累積、訊息費用與覓價行為、貨幣制度、國家的存在等，我選走的解釋路向皆與傳統的不同。我甚至指出在好些情況下邊際成本曲線畫不出來，而均衡這個理念要從適者生存這個角度看。

生命的凋謝與博物館的構思

今天我八十歲，走進了生命的黃昏。回顧平生，我不可能活得更豐富。我用心地思考經濟五十七年。沒有科斯那麼久，但夠久了。那麼多年到處觀察，找尋資料，我弄得實在累。在那彷彿是着了魔的追求真理的過程中，我總要找些什麼可以分心的玩意來讓自己的腦子保持清醒。我於是嘗試攝影、書法、散文、收藏藝術品與文物。後者我的成就超越了自己的經濟學。為了表達高傲之情，我叫吳子建刻一個我寫書法時用的閑章："不見古人"！這收藏的大成使我想到設立一間博物館，把門票的收入捐出去協助窮鄉僻壤的孩子讀書。我不能忘記年幼時我是他們其中一個，老是想着如果他們長大後有我的機會，他們也可以成為學者。這些年我在中國內地到過一些貧窮的村落，高興見到那裡的孩子的生活情況遠比我昔日在廣西的際遇好，但還是認為他們應該有較好的求學機會。

事情是這樣的。一九七五年，在西雅圖，我對巴澤爾說到香港度長假時我會考查香港的翡翠玉石市場，從實物本身的特徵來考查訊息費用。我不贊同當時盛行的以物價的方差或以人與人之間的訊息不對稱來分析訊息費用導致的現象。我要找訊息費用奇高的物品入手。翡翠玉石之後，我轉到產自壽山的田黃石、藝術收藏品，而上世紀八十年代中期起，中國的出土文物無數——皆訊息費用奇高的物品。

三個機緣的巧合促成我今天構思的博物館。其一是我的母親有一個基金，提供足夠的錢作初步的可觀收藏。當年收藏品的價錢相宜。其二是我猜中如果中國能發展起來，收藏品之價會大升。這讓母親基金的藏品在市場換取其他的。其三是中國的出土文物是那麼多姿多彩，反映着一個偉大文化，我要設法為國家保存下來。

因為我集中於考查物品本身的特徵與訊息費用的關係，過了十多年我成為一個無師自通的中國文物與藝術品的專家，想出自己的鑑辨方法。這是為了興趣與學問的追求，究竟是不是真的專家我管不着。我只是機緣巧合，剛好在訊息費用這個話題下過工夫，剛好生活在人類的藝術文物最多姿多彩的地方，也剛好是中國的開放展示着她的光芒不可方物的已往。

母親當年的願望是把錢捐給教堂。但中國的農村少見教堂。我於是想到農村的孩子教育。沒有人相信我正在構思的博物館會有可觀的門票收入。但當年也沒有人相信我學經濟學會學得好。除了本章提到的師友，我是個沒有人相信的人。我的學問可信！

《佃農》五十憶平生

兼論經濟學的災難性發展

作 者	張五常
書底篆刻	茅大容：燈火闌珊處
總 編 輯	葉海旋
助理編輯	黃秋婷
設 計	陳艷丁
出 版	花千樹出版有限公司
	地址：九龍深水埗元州街 290-296 號 1104 室
	電郵：info@arcadiapress.com.hk
印 刷	利高印刷有限公司
初 版	二〇一七年十一月
ISBN	978-988-8484-02-7

ARCADIA PRESS 花千樹